AF540370

एलिस एक्का की कहानियाँ

कहानी-संकलन

भारत की पहली आदिवासी स्त्री कथाकार

एलिस एक्का की कहानियाँ

सम्पादक

वंदना टेटे

राधाकृष्ण प्रकाशन

ISBN : 978-81-8361-791-8

एलिस एक्का की कहानियाँ

पहला संस्करण : 2015
दूसरा संस्करण : 2023

मूल्य : ₹ 395

प्रकाशक
राधाकृष्ण प्रकाशन प्राइवेट लिमिटेड
जी-17, जगतपुरी, दिल्ली-110 051
शाखाएँ : अशोक राजपथ, साइंस कॉलेज के सामने, पटना-800 006
पहली मंजिल, दरबारी बिल्डिंग, महात्मा गांधी मार्ग, प्रयागराज-211 001
वेबसाइट : www.radhakrishnaprakashan.com
ई-मेल : info@radhakrishnaprakashan.com

मुद्रक
बी.के. ऑफसेट
नवीन शाहदरा, दिल्ली-110 032

ALICE EKKA KI KAHANIYAN
Hindi short stories of Alice Ekka
Edited by Vandna Tete

हूल-उलगुलान और
जोरी पंचैत की लड़ाका औरतों और
उनके आज के वंशजों को

कतार

एलिस एक्का (पूर्ति)
(8 सितंबर 1917–5 जुलाई 1978)

एलिस एक्का
हिंदी की पहली आदिवासी स्त्री कथाकार

एलिस एक्का हिंदी की पहली आदिवासी स्त्री कथाकार हैं। उन्होंने पचास के दशक में हिंदी में लेखन आरंभ किया था और 1947 से शुरू हुई साप्ताहिक 'आदिवासी' की वह नियमित लेखिका थीं। उनकी सबसे पहली प्राप्य रचना जो कि खलील जिब्रान के साहित्य का अनुवाद है 'आदिवासी' के अगस्त 1959 के विशेषांक में छपी है। संभव है इसके पूर्व भी उनकी रचनाएँ छपी हों लेकिन 'आदिवासी' के अंक प्राप्य नहीं होने से निश्चयपूर्वक कुछ भी नहीं कहा जा सकता। इस दिशा में अनुसंधान बहुत जरूरी है ताकि न सिर्फ एलिस की रचनाएँ और उनके साहित्यिक अवदान से आदिवासी व संपूर्ण विश्व साहित्य जगत परिचित हो बल्कि उनके जैसे अन्य आदिवासी साहित्यकारों का व्यक्तित्व एवं कृतित्व भी सामने आ सके। फिर भी जिसे खलील जिब्रान पसंद हो और जो झारखंड की पहली आदिवासी महिला ग्रेजुएट हो, उसकी साहित्यिक अभिरुचि, सृजन और मेधा का अंदाजा सहज ही लगाया जा सकता है। एलिस की अब तक प्राप्य पहली कहानी 'आदिवासी' के 17 अगस्त 1961, वर्ष 15, अंक 28-29 में छपी है। जिसका शीर्षक है 'वनकन्या'।

एलिस एक्का खूँटी टोली, सिमडेगा की रहने वाली थीं। 8 सितंबर 1917 को राँची के लाल सिरम टोली में उनका जन्म हुआ। ईसाई विश्वास के अनुसार उनका नामकरण संस्कार 25 दिसंबर 1917 को राँची के जीईएल चर्च में किया गया। वे अपनी माँ मेरी पूर्ति और पिता नुअस पूर्ति के तीन संतानों में से एक हैं। ग्रेसी पूर्ति और बसंत पूर्ति उनके सगे भाई-बहन हैं जबकि आर्नेस्ट पूर्ति दूसरी

माँ से हुए भाई हैं। जिनका जन्म उनकी दूसरी माँ फ्लोरा बाड़ा से हुआ। पिता नुअस पूर्ति ने उनकी माँ की देहांत के बाद फ्लोरा बाड़ा से विवाह कर लिया था। आर्नेस्ट पूर्ति की पत्नी का नाम भी एलिस (तिर्की) है और उनके दो बच्चे हैं : बेटी ऋतु पूर्ति और बेटा आशीष पूर्ति। आर्नेस्ट रक्षा मंत्रालय, दिल्ली में कार्यरत रहे। बाद में, 1969-70 में वे राजनीति में सक्रिय हुए और सुशील बागे के साथ कांग्रेस में रहे। यह झारखंड आंदोलन के उतार का दौर था और 1963 में झारखंड पार्टी का कांग्रेस में विलय हो चुका था।

उनकी दूसरी माँ फ्लोरा बाड़ा के पिता पौलुस बाड़ा और माँ मेरी बाड़ा डुम्बर टोली, गुमला के रहने वाले थे। उनकी 9 बहने थीं और दो भाई। भाइयों में से एक आर्नेस्ट असम में और दूसरा, जॉन दिल्ली में बस गए। वहीं, नौ बहनों में शांति, सुमन, करुणा (दिवंगत), रोज, प्रिस्किला (दिवंगत) अमेरिका चली गईं और ग्रेस, थेयोडोरा, फ्लोरा व सुशीला झारखंड में ही रहीं। सभी बहनों ने वेल्लोर से नर्सिंग की ट्रेनिंग ली थी और दिवंगत प्रिस्किला सीएमसी में सुपरिटेंडेंट पद से सेवानिवृत्त हुईं। एलिस की दूसरी माँ फ्लोरा बाड़ा का पूरा परिवार जीईएल से सेवेंथ डे एडवेंटिस्ट चर्च का विश्वासी बन गया था।

एलिस ने छह दशकों तक श्रम व सृजन से भरपूर जीवन जीया और उनकी मृत्यु 61 वर्ष की उम्र में 5 जुलाई 1978 को गुंगुटोली (बहु बाजार के पास), राँची में हुई। उन्हें काँटाटोली, राँची के सीएनआई कब्रिस्तान में दफनाया गया जबकि उनके पति सोलोमन जीईएल चर्च के कब्रिस्तान में दफनाये गए। एलिस और उनके भाई बसंत, दोनों का दृढ़ीकरण संस्कार ईसाई विश्वास के अनुसार सीएनआई चर्च में हुआ। एलिस का अपना मातृ-पितृ परिवार और ससुराल के लोग जीईएल चर्च अनुयायी और विश्वासी थे। सिर्फ उनकी सास को छोड़कर, जिन्होंने रोमन कैथोलिक चर्च को स्वीकार कर लिया था। सोलोमन और एलिस दोनों पति-पत्नी की मृत्यु राँची के नया टोली स्थित उसी मकान में हुई जहाँ उनके पुत्र सिद्धार्थ एक्का आज रह रहे हैं। इसे सोलोमन ने खरीदा और बनवाया था। परिवार से मिली जानकारी के अनुसार दोनों की मृत्यु स्वाभाविक थी। किसी बीमारी अथवा दूसरे कारणों से उनकी मौत नहीं हुई थी।

एलिस का पूरा नाम एलिस खिस्तयानी पूर्ति था और वे आदिवासी विद्रोह के इतिहासप्रसिद्ध अगुआ बिरसा मुंडा के परिवार से संबंध रखती थीं। पूर्ति मुंडा आदिवासियों का गोत्र है। मुंडारी भाषा में गोत्र को मुंडा लोग 'किली' कहते हैं। एक किली के लोग एक साथ ही रहते हैं। एक ही गाँव-क्षेत्र में जीते हैं और साथ-साथ दफनाये जाते हैं। यदि कोई मुंडा जन गाँव से दूर मर जाता है तो पुरखा

मृतकों के सम्मान में होनेवाला वार्षिक त्योहार 'जंगतोपा' (हड्डियों को दफन) के अवसर पर उसकी हड्डियों को लाकर ससन के नीचे रखी जाती हैं। मुंडा लोगों में यह दृढ़ विश्वास है कि 'ससनदीरीको, होड़ो होन कोआ : पटा' (पुरखों की स्मृति में स्थापित कब्र का पत्थर यानी शिला ही मुंडाओं का पट्टा है)। जानकारी के लिए यहाँ जिक्र करना आवश्यक प्रतीत होता है कि मुंडा आदिवासी समुदाय में, जब वे मोहनजोदाड़ो से झारखंड आए, कुल 21 किली थे। फादर हॉफमैन ने 'इनसाइक्लोपीडिया मुंडारिका' में मुंडाओं के 30 गोत्रों का वर्णन किया है।

कुमार सुरेश सिंह ने 'बिरसा मुंडा और उनका आंदोलन' में पृष्ठ 55 पर उलिहातु गाँव और इलाके में मुंडाओं के पूर्ति गोत्र के बसने का विस्तृत विवरण दिया है। इस संबंध में डा. सिंह लिखते हैं, 'बिरसा के पूर्वज पूर्ति गोत्र के थे। वे सदियों पहले अपने लिए एक वासस्थान की खोज में डोमदा गाड़ा नदी के समीप पहुँचे। संभवतः यही नदी आधुनिक राँची के उपनगर चुटिया के निकट बहती है। उन लोगों ने नदी की धार में बहता हुआ एक लकड़ी का कुन्दा देखा। वे उसे पकड़ने के लिए नदी में कूद गए, उसे पकड़ा और उसके साथ तैरते हुए नदी के उस पार पहुँचे। वहाँ जब उन्होंने उसे ठीक से देखा तो पाया कि उसके भीतर एक छेद में चूहा (चुटु) था। इसे उन्होंने एक शुभ लक्षण समझा और इसे ही अपनी सुरक्षा और सौभाग्य का कारण माना। फिर वे उस जगह ही रुके और वहीं बस गए। वह स्थान चुटिया कहलाया और इसी के अनुसार बिरसा के पूर्वज पूर्ति वंश की जिस शाखा के थे, उसका नाम चुटिया पूर्ति पड़ा।...फिर अनेक वर्ष बीत गए। जनसंख्या का दवाब बहुत बढ़ गया। फलतः इस उपवंश के मुंडा अपने लिए नये क्षेत्र की खोज में फिर निकल पड़े। वे खूँटी में मरंगहादा के पास तिलमा पहुँचे और वहाँ बस गए। बाद में वे वहाँ से भी, मंझिया मुंडा के नेतृत्व में, आगे बढ़े और तमाड़ में माँझीडीह गाँव की स्थापना की। माँझीडीह से वे लोग रंका और लाका के नेतृत्व में उलिहातु की ओर बढ़े। उलिहातु विकसित होकर एक बड़ा गाँव बन गया।'

एलिस के पूर्वज इसी उलिहातु (आज झारखंड का खूँटी जिला) गाँव के निवासी और पूर्ति गोत्र के वंशज हैं। 1895 से 1900 के दौरान बिरसा मुंडा के नेतृत्व में हुए विश्वप्रसिद्ध ब्रिटिश विरोधी युद्ध 'उलगुलान' के दौरान या उसके बाद ही एलिस के दादा जोहनेस मुंडा ने ईसाई धर्म स्वीकार लिया था। उन्होंने अपना पैतृक गाँव उलिहातु 'प्रेत पूजा' के कारण छोड़ दिया और पूरे परिवार के साथ सिमडेगा के खूँटी टोली में जाकर बस गए। यह बिरसा मुंडा के उलगुलान के शुरू होने के कुछ साल पहले की बात है। सिमडेगा के खूँटी टोली में ही उनका

संपर्क ईसाई मिशन से हुआ और बाद में संभवतः वहीं उन्होंने गाड़ी चलाना सीखा। अपनी इसी योग्यता के कारण वे चर्च में ड्राईवर के पद पर नियुक्त हुए। इसी समय जोहनेस ने ईसाई धर्म स्वीकार किया और जीईएल चर्च का धर्म प्रचारक बन कर गाँव-गाँव घूमने लगे।

जोहनेस मुंडा के तीन बेटे हुए : बरनाबस पूर्ति, नुअस पूर्ति और गब्रिएल पूर्ति। बरनाबस धर्म प्रचारक बने और गब्रिएल तत्कालीन गवर्नर के सलाहकार हुए। एलिस के पिता नुअस की नौकरी पुलिस विभाग में लगी और उनकी पहली नियुक्ति गुमला में इंस्पेक्टर पद पर हुई। शायद वहीं उनके पिता की मुलाकात सोलोमन थियोफिल एक्का से हुई, जिनके पिता शिक्षा विभाग में स्कूल इंस्पेक्टर थे।

सोलोमन कृषि विभाग में कार्यरत थे जिनसे एलिस का विवाह 8 जून 1947 को हुआ। सोलोमन की माँ कोरा एक्का कैथोलिक चर्च की और पिता क्रिस्टो कुमार एक्का जीईएल चर्च के विश्वासी थे। एलिस के पति का परिवार मूलतः पिस्का नगड़ी, राँची का रहने वाला है और वे उरांव आदिवासी समुदाय से आते हैं। सोलोमन और उनके पिता चूंकि गुमला में नौकरी करते थे और दोनों बाप-बेटे लंबे समय तक वहीं पदस्थापित रहे इसलिए उनका परिवार गुमला के टोटो में ही बस गया। यहीं से ही सोलोमन डिप्टी डायरेक्टर, कृषि विभाग (सोयल कंजरवेशन) के पद से सेवानिवृत्त हुए और 1996 में उनकी मृत्यु हुई। एलिस और सोलोमन के तीन बच्चे हुए–डा. रेखा टोप्पो, नीला डे और डा. सिद्धार्थ एक्का। रेखा मेडिकल प्रोफेशन में गई और सेवानिवृति के बाद बोकारो में रह रही हैं। एकमात्र बेटा सिद्धार्थ गोस्सनर कॉलेज, राँची में प्राचार्य हैं।

एलिस एक्का के भतीजे एमसी सुवर्णो, जो क्षेत्रीय विकास आयुक्त राँची के पद से सेवानिवृत्त हो राँची में ही रह रहे हैं, ने बताया कि उनकी फुफु एलिस एक मुंडा आदिवासी से प्रेम करती थीं। मुंडा सज्जन हजारीबाग में रहते थे और प्राध्यापक थे। एलिस अक्सर सुवर्णो, तब जिनकी उम्र 13-14 के आसपास थी, को लेकर मुंडा प्राध्यापक से मिलने हजारीबाग जाया करती थी। परंतु उन दोनों का प्रेम, विवाह में परिणत नहीं हो सका और इससे एलिस काफी दिनों तक अपसेट रहीं। बाद में जब सोलोमन एक्का से उनकी बात चली तो उन्होंने इसे स्वीकार कर लिया। सुवर्णो बताते हैं कि मेरी माँ ने एलिस फुफु को बहुत पूछा–'तुम इस शादी से खुश रहोगी न?' तब उन्होंने माँ से कहा था–'हाँ, मैं खुश रहूँगी।' संभवतः 'सलगी, जुगनी और अंबा गाछ' कहानी की सलगी और 'पंद्रह अगस्त, बिलचो और रामू' की बिलचो और कोई नहीं एलिस स्वयं हैं। क्योंकि सलगी और बिलचो की तरह एलिस भी अपने प्रेम को जीवनभर के लिए नहीं पा सकीं।

एलिस एक्का की प्राईमरी से मैट्रिक तक की पढ़ाई संत मार्ग्रेट स्कूल, बहु बाजार, राँची में हुई। 1938 में 'एब्रोजिनल फेलोशिप' पाने और कलकत्ता के स्कॉटिश चर्च कॉलेज से अंग्रेजी साहित्य में ग्रेजुएशन करने वाली ग्रेटर झारखंड की वह पहली आदिवासी महिला हैं। उनके प्रथम ग्रेजुएट होने पर जिला स्कूल, राँची में लगा मेधा स्मारक आज भी मौजूद है। बाँकीपुर, पटना के टीचर्स ट्रेनिंग स्कूल से बाद में उन्होंने बीएड किया और राँची विश्वविद्यालय, राँची से 1963-64 में स्नातकोत्तर की उपाधि प्राप्त की।

पेशे के रूप में एलिस ने शिक्षकीय जीवन को चुना। गर्वनमेंट गर्ल्स स्कूल पुरुलिया, संत मार्ग्रेट स्कूल, बहु बाजार और चांदमल बाल मंदिर स्कूल, रातू रोड, राँची में उन्होंने समय-समय पर अध्यापन कार्य किया। लेकिन उनकी योग्यता के अनुसार उन्हें अध्यापन का काम तभी मिल पाया जब नवंबर 1971 में झारखंड आंदोलन के आदिवासी बुद्धिजीवी डॉ. निर्मल मिंज की अगुआई में गोस्सनर कॉलेज की स्थापना हुई। डॉ. मिंज के आमंत्रण पर वे कॉलेज जुड़ीं और 1972 से उन्होंने वहाँ अंग्रेजी पढ़ाना शुरू किया। जीवन का साथ छोड़ देने से पहले तक वे वहीं अध्यापक रहीं।

मृदुभाषी, बहुत कम पर सटीक बोलने वाली, सहज और सुंदर व्यक्तित्व था उनका। जैसा कि आदिवासियों का होता है। ममत्व, संरक्षण और स्नेह से भरा हुआ व्यवहार। समकालीन अंग्रेजी-हिंदी व झारखंडी भाषाओं के साहित्य और समसामयिक हलचलों से घिरे रहना, दिन-रात पढ़ना और लिखना उनकी दिनचर्या थी। मोटा चश्मा, जो शायद बहुत पॉवर वाला रहा होगा, उनकी आँखों पर हमेशा चढ़ा रहता। परिवारवाले बताते हैं उन्हें सूगर की बीमारी थी। उनके जीवन के बारे में बहुत ज्ञात नहीं हो सका है। उनसे संबंधित दस्तावेज, उनकी प्रकाशित रचनाएँ और पांडुलिपियाँ, उनकी समृद्ध लायब्रेरी आदि परिवार द्वारा नहीं सहेजे जाने के कारण समय के थपेड़ों में गुम हो गई। उनकी मौजूदा पीढ़ी की स्मृतियाँ खाली हैं जिससे यह जान पाना बहुत मुश्किल है कि उनका वास्तविक जीवन कैसा था और जो अनमोल सृजन उन्होंने नागपुरी, हिंदी आदि में किया, वह कितना और कैसा था।

भाभी एलिस तिर्की (आर्नेस्ट की पत्नी) और और उनके भाई के बच्चों आशीष पूर्ति (आर्नेस्ट का बेटा) व ऋतु पूर्ति (आर्नेस्ट की बेटी) और उनके भतीजे ऋषि एक्का (देवर का लड़का) के अनुसार एलिस की सबसे ज्यादा रुचि समसामयिक विषयों में थी और वे उन पर त्वरित टिप्पणियाँ लिखा करती थीं। गद्य में कहानी और विश्व साहित्य का अनुवाद उनकी प्राथमिकता में था।

उनके नतिन दामाद आनंद जोसेफ तिग्गा बताते हैं कि उन्होंने डा. जिवागो

का हिंदी अनुवाद किया था जो राँची के अखबार संभवतः राँची एक्सप्रेस में प्रतिदिन छपा करता था। खलील जिब्रान का अनुवाद राधाकृष्ण द्वारा संपादित और तत्कालीन बिहार सरकार के सूचना एवं जनसंपर्क विभाग द्वारा प्रकाशित साप्ताहिक 'आदिवासी' में धारावाहिक छपा था। जिसके कुछ किश्त ही व्यक्तिगत संग्रहों से मुश्किल से मिल पाएँ क्योंकि झारखंड बनने के बाद जनसंपर्क विभाग के बिहारी पदाधिकारियों ने आदिवासी पत्रिका के सभी पुराने अंकों को रद्दी के भाव बेच दिया। इससे न सिर्फ एलिस की रचनाओं का एक स्रोत नष्ट हो गया वरन् झारखंड के उन सभी साहित्यकारों की रचनाएँ भी हमेशा-हमेशा के लिए खो गईं, जो सिर्फ और सिर्फ आदिवासी में ही छपी थी। बिहार की साहित्यिक पत्र-पत्रिकाएँ झारखंड के आदिवासी एवं मूलवासी रचनाकारों को नहीं छापते थे, इसलिए एकमात्र आदिवासी ही वह पत्रिका थी जिसमें झारखंड के लोगों को स्थान मिलता था।

एलिस एक्का 1903 में सिमडेगा के कसीरा सुंदरा टोली में जन्मे खड़िया भाषा के आदिवासी कथाकार प्यारा केरकेट्टा की समकालीन थीं। यह तीस से पचास का दशक था जिसमें खड़िया में प्यारा केरकेट्टा, संताली में रघुनाथ मुर्मू, हो में लको बोदरा, मुंडारी में बलदेव मुण्डा और कुडुख में आयता उरांव जैसे पहली पीढ़ी के आदिवासी साहित्यकार व बुद्धिजीवी सांस्कृतिक अगुवाई कर रहे थे। इग्नेस बेक और जयपाल सिंह मुण्डा के नेतृत्व में आदिवासी महासभा ने भारतीय राजनीति में शासक वर्गों को आदिवासी अस्मिता व अधिकार के सवाल पर घेर रखा था। देश आजाद (?) होने वाला था और नेहरु-पटेल मिशनरी वैरियर एल्विन व एक 'स्त्री' के सहारे झारखंड आंदोलन और उसके नेतृत्वकर्त्ता को पटखनी देने का षड्यंत्र रच रहे थे।

हमें विश्वास है यह पुस्तक एलिस एक्का के कृतित्व और व्यक्तित्व के समग्र आयामों को सामने लाने के लिए लोगों को उकसाएगी, जो अभी भी समय की मिट्टी में कहीं दबी हुई हैं। जिन्हें मैं नहीं ढूंढ पाई। फिर भी बहुत आभारी हूँ आनंद जोसेफ तिग्गा और आशीष पूर्ति का जिन्होंने एलिस एक्का के जीवन को जानने में हमारी बहुत मदद की। उनके भतीजे और राँची के पूर्व क्षेत्रीय विकास आयुक्त एमसी सुवर्णो ने भी हरसंभव सहयोग दिया। माँ रोज केरकेट्टा, जीवनसंगी अश्विनी कुमार पंकज, भाई कृष्णमोहन सिंह मुण्डा, गंगा सहाय मीणा और राधाकृष्ण प्रकाशन के सत्यानंद निरूपम और अशोक महेश्वरी के सहयोग के बिना एलिस एक्का को आप सभी तक पहुँचा पाना शायद मुश्किल होता।

सोलोमन एक्का और एलिस एक्का (पूर्ति)

आदिवासी स्त्री लेखन
देह नहीं, दुनिया (सृष्टि) है प्राथमिकता

पहली कहानी किसने कही? कब कही? किससे कही? साहित्य के इतिहासकार इस सवाल से आज तक टकरा रहे हैं लेकिन अब तक इसका कोई सर्वसम्मत हल नहीं खोजा जा सका है। हर विद्वान साहित्येतिहासकार ने अपने-अपने शोध निष्कर्षों के जरिए इसका अलग-अलग जवाब दिया है। अधिकांश भारतीय साहित्यकारों ने कहानी का उत्स ऋग्वेद, उपनिषद, पुराण, महाकाव्य, जैन या बौद्ध साहित्य और जातक कथाओं को माना है। अगर हम इस स्थापना को स्वीकार भी कर लें तब भी यह सवाल रह ही जाता है कि पहली कहानी किसने कही। क्योंकि कहानी कला के आरंभ पर हमारे साहित्यिक इतिहासकारों की नजर जहाँ तक पहुँचती है, वह मूलतः 'लिखित कहानी' की परंपरा है। वाचिक अथवा श्रुति परपंरा की नहीं।

वरिष्ठ महिला विदूषी सुमन राजे अपनी साहित्येतिहास पुस्तक 'हिंदी साहित्य का आधा इतिहास' में इस सवाल का जवाब देते हुए कहती हैं, 'प्रश्न उठाया जा सकता है और उठाया जाना चाहिए—कहाँ गया यह पूरा-का-पूरा महिला लेखन? वाचिक परंपरा में इसका उत्तर खोजें तो मिल जाएगा। यह कोई आश्चर्य की भी बात नहीं। स्वयं अपौरुषेय वेद 'श्रुति' है, रामायण और महाभारत भी अर्से तक वाचिक परंपरा में ही जीवित रहे हैं और बाद में संकलित किये गये। इसी परंपरा में जीवित रहे हैं गोरखनाथ, कबीर और आल्हा और अनेक लेखक। अंतर केवल इतना है कि महिला लेखन को अपना संकलन-कर्त्ता कभी प्राप्त नहीं हुआ। उनका कोई 'व्यास' नहीं था।' (सुमन राजे, 2003)

जाहिर है कि कलात्मक रूप से 'कहन' परंपरा की शुरुआत का श्रेय स्त्रियों को है जिन्होंने लोरियों, गीतों और कहानियों को इंसानी समाज के आरंभिक विकास काल में रचा-गढ़ा। 'दादी-नानी की कहानियाँ' जैसा पद अथवा मुहावरा भी इसी तथ्य की पुष्टि करता है, वरना दादा-नाना के किस्से जैसी अवधारणा भी समाज के अनुभवों में अवश्य ही व्याप्त रहते।

जहाँ तक कहानी के आधुनिक उत्स की बात है तो बीसवीं सदी में आधुनिक शिक्षा और साहित्य के प्रसार के साथ ही 'कहन' की वाचिक परंपरा कथा लेखन के रूप में विकसित हुई। पहले कहानी और फिर उपन्यास के फॉर्म में। हिंदी साहित्य के इतिहासकार आचार्य रामचंद्र शुक्ल ने 1900 में 'सरस्वती' पत्रिका में प्रकाशित किशोरीलाल गोस्वामी की 'इंदुमती' को पहली हिंदी कहानी माना है। डॉ. हजारी प्रसाद द्विवेदी जबकि 1907 में प्रकाशित बंग महिला लिखित 'दुलाईवाली' को पहली मौलिक हिंदी कहानी मानते हैं। वहीं, गोपाल राय लिखते हैं, 'संस्कृत से आधुनिक हिंदी कहानी के विकास का कोई क्रमबद्ध इतिहास नहीं है। खड़ी बोली आधारित हिंदी गद्य का इतिहास भी बहुत पुराना और समृद्ध नहीं कहा जा सकता। उन्नीसवीं सदी के आरंभ में मुद्रण यंत्रों के बढ़ते उपयोग के फलस्वरूप परंपरा से चली आती मौखिक कथा को मुद्रित होने का लाभ मिला और पहली मौलिक गद्यकथा 'रानी केतकी की कहानी' 1841 के दशक में पहली बार मुद्रित हुई।...1900 के पूर्व, शाब्दिक अर्थ में भी, लघु कथाओं के प्रकाशन की कोई उल्लेखनीय परंपरा नहीं थी।' ('हिंदी, 'कहानी' और 'इतिहास', पृष्ठ 27)

यह कहने की आवश्यकता नहीं कि हिंदी कहानी के उत्स को लेकर अधिकांश विद्वान अपनी पुरुषवादी दृष्टि के कारण बंग महिला की मौलिक कहानी को प्रथम आधुनिक कहानी मानने से अगर-मगर करते रहे। जैसा कि भवदेव पांडेय कहते हैं, 'बंग महिला हिंदी के पुरोधा समीक्षकों की लामबंदी का शिकार हो गई थीं। एक अदना, विधवा बंगाली स्त्री पुरुष लेखकों का सरताज नहीं हो सकती थी।' परंतु अब यह स्थापित हो चला है कि 'बंग महिला हिंदी कहानी लेखन की विचारधारा-संपन्न आदि महिला हैं। उन्हीं की बनाई जमीन पर प्रेमचंद जैसे कहानीकार खड़े हुए।' (बंग महिला : नारी मुक्ति का संघर्ष, अंतिम आवरण पृष्ठ)

आगे चलकर भारतीय आधुनिक कथायात्रा में अनेक पड़ाव आए जिन्हें समय-समय पर नई कहानी, समकालीन कहानी, अकहानी, साठोत्तरी कहानी, सचेतन कहानी, समांतर कहानी, जनवादी कहानी, सक्रिय कहानी आदि के रूप में चिन्हित किया गया। इन सबके कारण कथा साहित्य की धारा तो बदली ही

दृष्टि भी बदलती रही। कथ्य, शिल्प, शैली और विचार में बहुत परिवर्तन आया। देश में चल रहे सामाजिक परिवर्तन के संघर्षों ने कथा साहित्य के बदलावों को नई धार दी जिसके फलस्वरूप साहित्य में स्त्री, दलित और आदिवासी विमर्श की शुरुआत हुई। सामाजिक विज्ञान के अध्ययन के क्षेत्र में दलित और स्त्री साहित्य विमर्श ने नये आयामों को उद्‌घाटित करने में प्रमुख भूमिका निभायी। जबकि आदिवासी विमर्श भारतीय साहित्य में सबसे नई परिघटना है।

ध्यान रखने की बात है कि दलित, स्त्री और आदिवासी विमर्श का यह समय वही है जब 'उत्तर-आधुनिक' और 'उत्तर-औपनवेशिक' जैसे जुमलों को केन्द्र में रखकर साहित्य के इतिहास और समाजशास्त्र को देखने के लिए हमें उकसाया जा रहा है। 'उत्तर-औपनिवेशक' मूलतः औपनिवेशिक अवधारणा ही है जो पिछले कुछ दशकों के दौरान साहित्यिक सिद्धांत के रूप में सामने लायी गयी है। इसका मकसद है पूरब और पश्चिमी देशों के शासक वर्गों द्वारा खुद को गैर-साम्राज्यवादी अर्थों में परिभाषित करते हुए उसका प्रतिनिधि साबित करना। कि वे अब बदल गए हैं, अपनी ऐतिहासिक भूलों के लिए माफी माँग रहे हैं। उनका लोकतंत्र पहले से अब कहीं ज्यादा उदार हो गया है। जबकि सच्चाई यही है कि वे जनता के वैश्विक नकार के कारण गहरे आर्थिक संकट में हैं और मुक्त बाजार अर्थव्यवस्था के जरिए अपनी धनलोलुप व्यवस्था को बचाए रखने के लिए पहले की अपेक्षा कहीं अधिक क्रूर हो गए हैं। लेकिन आदिवासी विश्व उनके 'उत्तर-औपनिवेशक' की मूल मंशा से वाकिफ ही नहीं वरन! सचेत भी है। वे जानते हैं कि आदिवासियों के लिए 'उत्तर-औपनिवेशिक' समय अर्थविहीन है। क्योंकि दुनिया के आदिवासी समुदाय अभी भी सामाजिक, राजनीतिक, आर्थिक और सांस्कृतिक तौर पर उपनिवेश बने हुए हैं। आस्ट्रेलिया की आदिवासी लेखिका कैथरीन ट्रीस सवाल करती हैं—'क्या उपनिवेश खत्म हो गए हैं जो अब इसे उत्तर-औपनवेशिक कहा जा रहा है? कम से कम आदिवासियों के संदर्भ में उपनिवेश अभी भी कायम है। जमीन संबंधी अधिकारों, सामाजिक न्याय, सम्मान और समान अवसरों के मामलों में हम अभी भी हम नस्लीय और औपनिवेशिक शोषण के शिकार हैं।'

पिछले एक दशक के दौरान हिंदी, अंग्रेजी व अन्य भारतीय भाषाओं के कथा साहित्य में आदिवासी जीवन पर केंद्रित अनेक रचनाएँ सामने आई हैं जिसने आदिवासी साहित्य विमर्श की ओर अध्येताओं को आकर्षित किया है। परंतु साहित्य विमर्श के इस नये क्षेत्र में आदिवासी स्त्री कथा लेखन पर शोधकर्ताओं व अध्येताओं की दृष्टि अभी तक नहीं गई है। जबकि उत्तर-पूर्व से लेकर हिंदी

प्रदेश के झारखंड जैसे राज्य में बड़ी संख्या में आदिवासी स्त्रियाँ कथा लेखन के क्षेत्र में सक्रिय हैं। इनमें पद्मश्री तेमसुला आओ (मेघालय), पद्मश्री ममांग दई (अरुणाचल प्रदेश), ईस्टराइन इरालु (नागालैंड), बिम्बती थियम ओंग्बी (मणिपुर), एलिस एक्का, दोर्गे लुगुन और रोज केरकेट्टा उल्लेखनीय हैं। ये सभी आदिवासी लेखिकाएँ अपनी मातृभाषाओं के साथ-साथ हिंदी एवं अंग्रेजी में पचास के दशक से ही निरंतर सक्रिय हैं। आदिवासी स्त्री लेखन की इस परंपरा को फ्रांसिस्का कुजूर, शांति खलखो, ज्योति लकड़ा (झारखंड) और उज्ज्वला ज्योति तिग्गा (दिल्ली) जैसी कथा लेखिकाएँ जिसे आगे बढ़ा रही हैं। चिंताजनक बात यह है कि भारतीय साहित्य में स्त्री विमर्श की उल्लेखनीय उपस्थिति के बावजूद आदिवासी लेखिकाओं की कोई चर्चा नहीं की जाती है और न ही इनके योगदान को रेखांकित किया जा रहा है। जबकि एलिस एक्का जैसी आदिवासी लेखिकाएँ हिंदी में ही लिख रही थीं।

21वीं सदी का पहला दशक बीत चुका है और यहाँ तक आते-आते भारतीय समाज ने ज्ञान-विज्ञान के क्षेत्र में उल्लेखनीय प्रगति की है। लेकिन इस प्रगति के बावजूद जातीय, धार्मिक, नस्लीय और लैंगिक भेदभाव व पूर्वाग्रहों से भारतीय समाज अभी भी पूरी तरह मुक्त नहीं हो सका है।

इस संदर्भ में सुमन राजे का यह कथन प्रासंगिक है, 'आधा इतिहास लेखन इसलिए और जरूरी हो जाता है कि उपलब्ध सामग्री ऐसी-ऐसी दिशाओं की ओर संकेत करती है जहाँ साहित्येतिहासकार का ध्यान अभी तक गया ही नहीं था। अंततः बात तो दृष्टि की ही है न। दृष्टि के बदल जाने से ही साहित्येतिहास का यत्न से बनाया गया पूरा ढाँचा चरमराने लगता है।' (हिंदी साहित्य का आधा इतिहास, भूमिका पृष्ठ 8-9)

'स्त्री : मुक्ति का सपना' की संपादकीय में सुप्रसिद्ध साहित्यकार प्रो. कमला प्रसाद स्त्री लेखन की उपेक्षा के कारणों को ठोस रूप में तो रखते ही हैं, वे स्त्री आंदोलन और साहित्य में स्त्री विमर्श के संकुचन की ओर भी इशारा करते हैं। वे कहते हैं, 'स्त्री आंदोलन की पैरोकारों को अधिकांशतः स्त्री देह की आजादी के आसपास घूमने के अलावा कुछ नहीं मिला। सभ्यता से दूर आदिवासियों के बीच की स्त्री, जाति व्यवस्था की मारी तथाकथित शूद्र-स्त्री, सामंती अवशेषों की हिफाजत में महलों में कैद स्त्री, और बाजार में विपणन की इस्तेमाल की स्त्री–इतनी कोटियाँ हैं कि इन सब पर एक साथ विचार करने का प्रयास कम हुआ है।' (स्त्री : मुक्ति का सपना, वाणी प्रकाशन, 2004)

भारतीय साहित्य में आदिवासी स्त्री लेखिकाओं की अनुपस्थिति के पीछे इन

पूर्वाग्रहों के अलावा एक और कारण रहा है। वह है आदिवासी भाषाओं की अज्ञानता जिनरो हिंदी साहित्य परिचित नहीं है। इस भाषाई सीमा के कारण साहित्यिक इतिहासकारों और अध्येताओं की नजर आदिवासी स्त्री लेखकों पर नहीं जा सकी। और अगर गयी भी तो वे सब आदिवासी स्त्री की छवियों को नस्लीय और लैंगिक सीमा के भीतर ही सामंती दृष्टि से परोसते रहे।

इस प्रवृत्ति को भारत की प्रख्यात आदिवासी लेखिका और कथाकार डॉ. रोज केरकेट्टा स्त्रियों और विशेषतः आदिवासी स्त्रियों के प्रति जो नजरिया है, उसे पूरी स्पष्टता के साथ उद्घाटित करती हैं–'समय गुजरने के साथ ही जब सामुदायिक जीवन जटिलताओं से घिर गया, लोग स्त्री को अधिकाधिक कमजोर बनाने और उसके सामाजिक सहयोग का अवमूल्यन करने में लग गए।' (स्त्री महागाथा की महज एक पंक्ति, प्यारा केरकेट्टा फाउंडेशन, 2014) वे साहित्य और साहित्येतिहास में आदिवासी स्त्री के स्टीरियोटाइप और नस्लीय प्रस्तुतिकरण पर भी सवाल करती हैं, 'झारखंड की स्त्रियों के बारे में जब भी लिखा जाता है तो वे आदिवासी स्त्रियाँ ही होती हैं। आदिवासी स्त्रियों के बारे में साहित्यकार जब भी लिखते हैं तो वह काली, ठिगनी या साँवली, दुबली-पतली और सामान्य होती है। लेकिन रचनाकार उसकी जवानी को आकर्षक और सुलभ बना देते हैं।...यह एकपक्षीय दृष्टिकोण है। उन स्त्रियों की तस्वीरों को भी 'हाई लाइट' करने की जरूरत है, जो अपने मालिकों को बदसलूकी करने पर सड़क पर या घर के आँगन में खड़ी होकर गाली बकती हैं। क्योंकि इन स्त्रियों को पता है कि वे श्रम बेचती हैं, देह नहीं।' (वही, पृष्ठ 83)

अपने एक साक्षात्कार में नागा आदिवासी साहित्यकार पद्मश्री तेमसुला आओ भी कहती हैं, 'जब भी मैं विभिन्न सभा-समारोहों, साहित्यिक-सांस्कृतिक आयोजनों में जाती हूँ तो यह देखती हूँ कि वहाँ कुछ 'अनुल्लेखनीय ताकत' सक्रिय रहती है, जो हमें तोड़ती-मरोड़ती है, हमें बाँध रही होती है। इससे हमारे लिए यह समझना बहुत आसान हो जाता है कि हम सामूहिक और सामुदायिक रूप से क्या कर रहे हैं।'...'मैंने जो कुछ भी कहा है, उसे आप किस तरह से लेंगे यह पूरी तरह से आपकी दृष्टि पर ही निर्भर करता है, जिसमें मैं अपनी ओर से और कुछ नहीं जोड़ना चाहूँगी। इसलिए अब आपको ही यह समझना है कि मैंने आखिरकार आप से क्या कहने की कोशिश की है।' (दीज हिल्स कॉल्ड होम, जुबान, 2006)

सही है कि कुछ खास पेशों के साथ खास दक्षता और अनुभव की जरूरत होती है। यह दक्षता व अनुभव सिर्फ अध्ययन, पर्यवेक्षण और शोध से नहीं आती। हर पेशे का अपना एक सांस्कृतिक विश्व होता है। उसकी एक परंपरा होती है।

इसलिए महज लिखने की कला में पारंगत हो जाने से यह आवश्यक नहीं है कि आपने विषय की परंपरा और संस्कृति को भी बखूबी जान लिया है। आदिवासी साहित्य वही है जो आदिवासियत की परंपरा और उसके विश्वदृष्टिकोण के अनुरूप लिखा गया है। समष्टि आधारित आदिवासी ध्वनि, संगीत, भाषा, जीवन परंपरा और प्रकृति से संपृक्त साहित्य ही आदिवासी साहित्य है। जिसे सिर्फ शोध, पर्यवेक्षण और कलात्मक कौशल से नहीं लिखा जा सकता।

ऑस्ट्रेलिया की प्रख्यात आदिवासी लेखिका एवं आंदोलनकारी एलेक्सिस राइट् कहती हैं, 'दुनिया को देखने का हमारा नजरिया अलग है। हमारे अनुभव भी मुख्यधारा की आबादी से बिल्कुल भिन्न हैं। हमारी भाषाई अभिव्यक्ति का सौंदर्य अंग्रेजी के मानकों को स्वीकार नहीं करती। अगर आदिवासियों का लेखन मुख्यधारा के (अंग्रेजी) साहित्य को असहज लगता है तो इसका मतलब है कि आदिवासी साहित्य उसके उन अवधारणाओं व मूल्यों को चुनौती दे रहा है जो मुख्यधारा के साहित्य ने आदिवासियों के बारे में गढ़ रखे हैं।' रोज केरकेट्टा दो संस्कृतियों के इस बुनियादी दार्शनिक भावभूमि और संरचना को और स्पष्ट करती हैं, 'गैर-आदिवासियों द्वारा रचित आदिवासी विषयक साहित्य में शिल्प है परन्तु आदिवासी आत्मा नहीं है। उसमें सर्जक अपनी दृष्टि से अच्छाई-बुराई का कलात्मक विवरण रखता है। लेकिन आदिवासियों का सच उससे अलग है।'

इसलिए जरूरी है कि आदिवासी स्त्री कथा लेखिकाओं के अवदान को तो रेखांकित किया ही जाए, उनके समुचित मूल्यांकन से भारतीय साहित्य को समृद्ध किया जाए। क्योंकि आदिवासी स्त्री लेखकों की रचनाएँ न सिर्फ भारतीय समाज के अदेखे बहुभाषाई और बहुसांस्कृतिक संसार को दर्ज करती हैं बल्कि पूर्वाग्रहों और गैर-बराबरी से मुक्त एक स्वस्थ लोकतांत्रिक समाज की पुनर्रचना के लिए उत्प्रेरित करती हैं। यह इसलिए भी महत्त्वपूर्ण है क्योंकि आदिवासी स्त्री लेखन न तो नारीवाद के प्रभाव से उपजा है और न ही दलितवाद की तरह किसी एक खास सामाजिक वर्ग से मुक्ति चाहता है। आदिवासियों का सच एक अलग सांस्कृतिक विश्व है जहाँ आदिवासी स्त्रियाँ अपनी विशिष्ट स्त्रीगत समस्याओं पर बात करते हुए भी गैर-आदिवासी स्त्री लेखन की तरह 'देह' की मुक्ति या 'पुरुष सत्ता' के सवालों को नहीं उठातीं, बल्कि अपनी सामूहिक आदिवासी चेतना के कारण वे सीधे-सीधे उस विश्व से टकराती हैं जो श्रम और सृष्टि की अवमानना करता है। जो इंसानी समाज का नस्लों, धर्मों, जातियों के आधार पर, रंग, भाषा और लिंग के आधार पर भेदभाव करता है, उनका संकुचन व संक्षेपण करता है। जैसा कि रोज केरकेट्टा सहजता से इस सच्चाई को उद्‌घाटित करती हैं, 'साहित्य

विषय में स्कूल के दिनों में ही हमें संक्षेपण करना सिखाया जाता है। स्त्रियों के बारे में समाज भी हमें ऐसा ही नजरिया देता है। हमारा समाज, इतिहास और साहित्य जीवन के हर क्षेत्र में स्त्रियों का संक्षेपण करता है। विशेषकर, हम आदिवासी स्त्रियों का। हमारा लेखन ऐसे संक्षेपण के खिलाफ है।'

मराङ गोमके जयपाल सिंह मुंडा ने संविधान सभा की बैठक में 19 दिसंबर 1946 को कहा है–'मैं अपने आदिवासी समुदायों को माइनोरिटी नहीं मानता। अगर आपलोग भारत के आदिवासियों को, जो इस देश के मूल और प्रथम बाशिंदे हैं, उनके साथ भूमिहीन और सामाजिक रूप से बाहरी जातियों को जोड़ना चाह रहे हैं, तो हम इसका विरोध करेंगे, क्योंकि आदिवासी माइनोरिटी या वंचित वर्ग कदापि नहीं हैं।'

आस्ट्रेलिया, सिडनी की आदिवासी लेखिका अनिता हेइस 2000 में प्रकाशित अपने लेख 'द स्ट्रेंथ ऑफ अस ऐज वूमेन : ब्लैक वूमेन स्पीक' में कहती हैं, 'आदिवासियों के आदिवासियत को न तो आप वर्गीकृत कर सकते हैं न ही किसी मानक से नाप सकते हैं। क्योंकि यह तो विरासत में मिला हुआ वह गुण है जिसे कोई भी अस्वीकार नहीं कर सकता और न ही इसे कोई खारिज कर सकता है।'

सामन्यतया स्त्रियाँ, चाहे वे आदिवासी हों या गैरआदिवासी, परिवार, समाज और अपने समुदाय की धुरी होती हैं। इतिहास बताता है कि परिवार संगठन का उदय और विकास स्त्रियों की पहलकदमी पर हुआ। आरंभिक मानव समाज मातृसत्तात्मक था। यह परंपरा आज भी विश्व के कई आदिवासी समुदायों में बरकरार है। खुद मैं जिस 'खड़िया' आदिवासी समुदाय से आती हूँ वह मातृसत्तात्मक समाज है। सामंती और औपनिवेशिक काल के दौरान गैरआदिवासी समाज व्यवस्था ने आदिवासी समुदायों को बहुत प्रभावित किया, जिसके फलस्वरूप आदिवासी मातृसत्तात्मक समाज का ढाँचा छिन्न-भिन्न हुआ, परंतु इसके बावजूद कुछेक अपवादों को छोड़ दिया जाये तो आदिवासी समाज में स्त्रियों का समान दर्जा परंपरागत रूप से अभी भी वही है। किसी भी असमानता की परिधि से पूर्णतः मुक्त। जीवन, परिवार और समाज की हर गतिविधियों में अग्रणी रहनेवाली। जैसा कि ऑस्ट्रेलिया की बोर्रूलुला आदिवासी समुदाय की एक औरत कहती है, 'हम आदिवासी औरतें हैं। हमलोग शिकार के बारे में, अनुष्ठानों-उत्सवों के बारे में और रोजमर्रा के हर पहलु पर खुलकर बतियाती हैं। शिकार पर जाते हुए भी हम पुरुषों का इंतजार नहीं करतीं। हम महिलाएँ हैं, जंगल जाते हैं, खेतों में काम करते हैं और अपने परिवार को पालते हैं, पुरुषों को भी...पुरुष हमारे स्वामी नहीं है न ही वे हमसे मालिकाना व्यवहार करते हैं। हम महिलाएँ स्वयं अपनी मर्जी

की मालिक हैं, स्वाधीन हैं।' (वी आर बॉसेस आवरसेल्भ्स, ऑस्ट्रेलियन इंस्टीट्यूट ऑफ एबोरिजिनल स्टडीज, कैनबरा, 1983)

गैरआदिवासी समाज में औरतों की स्थिति ऐसी नहीं है। गैरआदिवासी सभ्यता और समाज में स्त्रियाँ सामाजिक विकास के साथ-साथ हर अधिकार तथा सम्मान से लगातार बेदखल होती चली गईं। 'मनु संहिता' के लागू होने के बाद तो उन्हें शूद्रों से भी निम्नतम मान लिया गया। विश्वभर में 'नारीवादी' आंदोलन का उभार इसी 'पुरुष संहिता' के खिलाफ हुआ जिसमें भारत की गैरआदिवासी महिलाएँ अस्सी के दशक के बाद खुलकर और ज्यादा संगठित होकर सामने आईं। आदिवासी स्त्रियाँ भी इस नारीवादी आंदोलन में शामिल हुईं। इसलिए नहीं कि वे अपने समाज में अधिकारों से वंचित-उत्पीड़ित थीं, बल्कि इसलिए कि वे इसे व्यापक मुक्ति का हिस्सा मानती हैं। आदिवासी औरतों की लड़ाई नारीवादियों की तरह 'मुक्ति के भीतर मुक्ति' की न पहले कभी रही है और न ही आज है।

हमारे देश में अब तक आदिवासी और नारीवादी आंदोलन के अंतर्द्वंद्व और अंतर्संबंधों पर किसी ने नजर नहीं डाली है। वैसे नारीवादी आंदोलन के उत्स, प्रभाव और उसके विभिन्न आयामों पर भी उतनी चर्चा नहीं हुई है जितनी कि होनी चाहिए। क्योंकि गैरआदिवासी समाज में स्त्रियों की जो त्रासदपूर्ण स्थिति है वह किसी भी सभ्य समाज के लिए शर्मिंदगी से ज्यादा दरींदगी का ही विषय हो सकता है। फिर भी अपने संघर्षों के जरिए नारीवादी आंदोलन ने लोगों का ध्यान खींचा है। बावजूद इसके नारीवादी आंदोलन और स्त्री विमर्श पर होनेवाली चर्चाओं में आदिवासी स्त्री आंदोलन की उपेक्षा या फिर उसे अपनी ही परिधि में समेट लेने की कोशिश ज्यादा रही है। जबकि 'सब स्त्रियाँ एक हैं' के खाँचे में आदिवासी स्त्रियाँ बिल्कुल फिट नहीं होतीं। इसी सवाल पर ऑस्ट्रेलिया में हुआ एक सर्वेक्षण-अध्ययन का उल्लेख प्रासंगिक है जिसमें ऑस्ट्रेलियाई आदिवासी महिलाओं ने बहुत स्पष्टता से आदिवासी स्त्रियों के आंदोलन को नारीवादी आंदोलन से भिन्न बताया है।

जब आंदोलनकारी आदिवासी महिलाओं से यह पूछा गया कि क्या वे खुद को नारीवादी आंदोलन का हिस्सा मानती हैं, तो एक ने कहा, 'नारीवादी आंदोलन व्यवस्था की बजाय पुरुष सत्ता को निशाने पर लेती है। इसलिए हमारे आंदोलन को नारीवादी आंदोलन कहना गलत होगा। आदिवासी औरतों के मुद्दे उनसे बिल्कुल अलग हैं, तो हमलोग फेमिनिस्ट नहीं एक्टिविस्ट हैं।' दूसरी नेतृत्वकर्ता आदिवासी महिला बोली, 'हम नारीवादियों के खिलाफ नहीं हैं। हम उनकी लड़ाई का समर्थन करते हैं क्योंकि महिलाओं को सुना जाना चाहिए और उनके साथ

भी समतापूर्ण व्यवहार होना चाहिए।' एक अन्य महिला का कहना था, 'हम नारीवादी बिल्कुल नहीं हैं। आदिवासी औरतों के सवाल गैरआदिवासी नारीवादी औरतों से बिल्कुल जुदा हैं। नारीवादी महिलाएँ आदिवासी स्त्रियों का प्रतिनिधित्व नहीं कर सकतीं। हम आदिवासियों के विश्वास अलग हैं, संस्कृति अलग है, नैतिकता और जीवनमूल्य अलग हैं। नारीवादी आंदोलन नस्लीय भेदभाव को खत्म करने की बात नहीं करता और न ही यह उनके एजेंडे में है। जबकि हमारे लिए यह सवाल प्राथमिक है। वे तो यह भी नहीं जानते आदिवासी स्त्रियों की इच्छा क्या है। वे क्या चाहती हैं।' (ग्रेस आउलेट्टे, नेटिव स्टडीज रिव्यू, 12, नं. 1, 1999)

यह बहुत ही महत्त्वपूर्ण और प्राथमिक सवाल है आदिवासी एवं गैरआदिवासी स्त्रियों की वास्तविक स्थिति और उनके मुद्दों की साम्यता और भिन्नता को समझने में। जैसे स्त्री होते हुए भी एक दलित स्त्री को सवर्ण स्त्रियों के मुकाबले 'अतिरिक्त जातिगत असमानता और दासत्व' झेलना पड़ता है, उसी तरह एक आदिवासी स्त्री को सवर्ण और दलित स्त्री की तुलना में भेदभाव के सबसे घृणित रूप 'नस्लीय हिंसा' का सामना करना पड़ता है। तमाम उत्पीड़नों के बावजूद अवर्ण और सवर्ण स्त्रियाँ 'नस्लीय हिंसा' का शिकार नहीं होतीं।

एक दूसरी स्थिति और है। नारीवादी स्त्रियाँ, जिसमें अवर्ण और सवर्ण दोनों शामिल हैं, स्वयं को उत्पीड़क नहीं मानतीं। जबकि नस्लीय तौर पर वे उत्पीड़क समाज से आती हैं और आदिवासी लूट, दोहन, उत्पीड़न से प्राप्त सुविधाओं का अपने समाज के पुरुष केन्द्रित व्यवस्था की तरह सहजता से उपभोग करती हैं। जल, जंगल, जमीन और आदिवासी विस्थापन के बारे में, आदिवासी धर्म, विश्वास, भाषा-संस्कृति और विश्वदृष्टिकोण के बारे में उनका रवैया अपने उत्पीड़क समाज से भिन्न नहीं रहता है। उनकी नस्लीय दृष्टि नहीं बदलती न ही वे खुद को 'साम्राज्यवादी' मानती हैं, जिसका लाभ उठाते हुए वह समाज में अपनी स्थिति आदिवासी स्त्रियों की तुलना में मजबूत बनाए रहती है। यही वजह है कि नारीवादी आंदोलन जहाँ स्त्री मुक्ति, देह की आजादी की बात करता है, वहीं आदिवासी स्त्रियाँ आंदोलन में भी और अपने लेखन में भी देह और सिर्फ स्त्री मुक्ति की बजाय समुदाय, पृथ्वी और समूची समष्टि की मुक्ति के सवाल के केन्द्र में रखती हैं।

भारतीय संदर्भ में नारीवाद, दलितवाद और आदिवासी प्रश्न को अस्मितावादी मान कर इन पर चर्चा की जाती है और समाज-देश की इस बहुसंख्यक आबादी के समुच्चय को 'हाशिए का समाज' कहा जाता है। यह असल में सामंती और

औपनिवेशिक दृष्टि है जो स्त्रियों, दलितों और आदिवासियों को 'बराबर' स्वीकार करने को तैयार नहीं है। इस दृष्टि पर अपने एक साक्षात्कार में डॉ. रोज केरकेट्टा कहती हैं, 'हिंदी अस्मितावादी साहित्य ने आदिवासी जीवन को उपभोक्ता मानसिकता के तहत ही देखा है। चूंकि हिंदी अस्मितावादी साहित्य सामंती संस्कृति के पक्ष या विपक्ष में होती है, इसलिए स्वाभाविक है कि वह उसी के इर्द-गिर्द घूमती रहती है। ऐसे में जो उस सामंती व्यवस्था, धर्म, संस्कृति, भाषा आदि से बाहर के समाज हैं, वे छूटेंगे ही। दलित साहित्य को ही लीजिए, दलित साहित्य सिर्फ दलितों की बात करता है। उसने अभिव्यक्ति की धार और प्रेरणा 'ब्लैक लिटरेचर और पॉलटिक्स' से ग्रहण की जो पश्चिमी देशों के आदिवासियों का आंदोलन है। परंतु अपने ही देश के आदिवासियों से सीखना तो दूर, उससे जुड़ने के लिए भी दलित तैयार नहीं हैं। आदिवासी साहित्य में आदिवासी स्त्री ही रहती है। इसलिए यहाँ मुख्यधारा जैसा कोई स्त्रीवादी आंदोलन न समाज में है न साहित्य में।' (आदिवासी साहित्य विमर्श, अनामिका पब्लिशर्स, 2014)

आदिवासी स्त्री लेखन को 'स्त्री' वर्ग में विभाजित कर के नहीं देखा जा सकता। उनकी चेतना 'आदिवासियत' यानी आदिवासियों के उस दर्शन से बनी है जिसमें श्रम व सृष्टि आधारित सामूहिकता, सहअस्तित्व, सहभागिता जैसे जीवनमूल्य सर्वोपरि हैं। किसी यूटोपिया में नहीं बल्कि वास्तविक दुनिया के रोजमर्रा के व्यवहार में। जिसे आदिवासी लेखिका रूबी लैंग्फोर्ड ग्निबि अपनी रचना 'डोंट टेक योर लव टू टाउन' में इस तरह से व्यक्त करती हैं, 'हममें और बाहरी दुनिया की सोच में जो फर्क है उसे इसी बात से समझा जा सकता है कि वे 'हम धरती के मालिक हैं' कहते हैं जबकि हम आदिवासी 'इस धरती के बाशिंदे हैं' कहते हैं।' उनका दृढ़ विश्वास है कि 'बाहरी (गोरे) लोगों ने हमारी जिंदगियों को सभी आधुनिक तकनीकी सुविधाओं से लैस किया है, लेकिन आदिवासी रास्ता ही दुनिया को बेहतर और स्थायी (मजबूत) बना सकता है।' क्योंकि 'हम आदिवासी हैं, और भूगोल, लैंडस्केप, मिथक व हमारी पुरखा कहानियाँ...यह सब ही हमारी विचार प्रक्रिया को आकार देते हैं' (पद्मश्री ममांग दई, आदिवासी लेखिका, अरुणाचल प्रदेश)। स्पष्ट है कि आदिवासी स्त्री लेखन की चेतना का दार्शनिक धरातल वह नहीं है जो नारीवादी या दलित स्त्री लेखन का है।

इस दृष्टि से एलिस एक्का हिंदी की पहली आदिवासी स्त्री कथाकार हैं जिनके कथा लेखन में 'आदिवासी दर्शन' सुस्पष्टता के साथ बहुत ही 'सामान्य' ढंग से उद्घाटित हुआ है। 'सामान्य' इसलिए क्योंकि यह सामान्य उनके आदिवासीपन के कारण है। जिसके चलते हिंदी साहित्य के इतिहासकारों और आलोचकों को

एलिस की कहानियाँ सामान्य या औसत लगेंगी। शायद इसलिए भी इस पहली आदिवासी स्त्री कथाकार का न तो हिंदी साहित्य ने नोटिस लिया और न ही साहित्येतिहास में उसका जिक्र करना कभी जरूरी समझा। जैसा कि हम आदिवासी मानते हैं और यह सत्य है कि दूसरी संस्कृति के साहित्य और कला के मानकों के आधार पर आदिवासी अभिव्यक्तियों को नहीं समझा जा सकता है, एलिस की कहानियों को पढ़ते हुए दो संस्कृतियों के बुनियादी अंतर और द्वंद्व को ध्यान में रखना अनिवार्य है। अन्यथा गैर-आदिवासी मूल्यों और मानकों में फंसकर 'सामान्य' समझने की भूल कर बैठेंगे। जबकि 'सामान्य' होना ही आदिवासी विशिष्टता है। और आदिवासी साहित्य को खारिज करने के लिए आदिवासियत के इसी 'सामान्यपन' को गैर-आदिवासी विश्व साहित्य अपना प्रस्थान बिंदू बनाता है। आदिवासी साहित्य पर विचार करते हुए गैर-आदिवासी साहित्य का जोर आदिवासी दर्शन की बजाय आदिवासियों के भौतिक विवरणों पर रहता है, कि आदिवासी काला है कि नहीं, वह नाच-गा रहा है कि नहीं, वह भूत-प्रेत की पूजा कर रहा है कि नहीं, वह यौन उच्छृंखल है कि नहीं, वह बर्बर व्यवहार कर रहा है कि नहीं, वह कोई वाद लाने के लिए सत्ता से हिंसक संघर्ष में है कि नहीं...आदि-आदि।

एलिस अपनी कहानियों में ऐसा कुछ नहीं करतीं।

इस संकलन में एलिस की कुल छह कहानियाँ शामिल हैं। 'वनकन्या', 'दुर्गी के बच्चे और एल्मा की कल्पनाएँ', 'सलगी, जुगनी और अंबा गाछ', 'कोयल की लाड़ली सुमरी', 'पंद्रह अगस्त, बिलचो और रामू' और 'धरती लहलहाएगी, झालो नाचेगी गाएगी'। 'वनकन्या' कहानी 'आदिवासी' साप्ताहिक के स्वतंत्रता दिवस विशेषांक 17 अगस्त 1961, वर्ष 15, अंक 28-29 में छपी थी। 'दुर्गी के बच्चे और एल्मा की कल्पनाएँ' आदिवासी, 26 जनवरी 1962, वर्ष 15 के अंक 50-51 में, 'सलगी, जुगनी और अंबा गाछ' आदिवासी, 15 अगस्त 1964, वर्ष 18, अंक 28 में, 'कोयल की लाड़ली सुमरी' आदिवासी, 28 जनवरी 1965, वर्ष 18, अंक 51 में, 'पंद्रह अगस्त, बिलचो और रामू' आदिवासी, 12 अगस्त 1965, वर्ष 19, अंक 27-28 में और 'धरती लहलहाएगी, झालो नाचेगी गाएगी' आदिवासी के 17 अगस्त 1967, वर्ष 22, के अंक 29 में प्रकाशित हुई है।

> *'जंगल ने मानो उस बस्ती को चारों ओर से घेरकर जैसे उसे गोद में ले रखा हो। पेड़ वहाँ इतने ऊँचे, ऐसे छतनार कि सूरज की किरणें भी जंगल की धरती पर नहीं पहुँच पातीं। सर्वत्र शांति और शीतलता बिराजती है। जंगली जानवरों, साँप-बिच्छुओं और कीड़े-मकोड़ों का सुखद वासस्थान।'*

इस संग्रह में शामिल एलिस की पहली कहानी 'वनकन्या' की ये शुरुआती पंक्तियाँ हैं। ध्यान दीजिए एलिस कह रही है–जंगली जानवरों, साँप-बिच्छुओं और कीड़े-मकोड़ों का सुखद वासस्थान। यह सीधे-सीधे स्वीकारोक्ति है कि आदिवासी जंगल और जमीन को अपनी मिल्कियत नहीं मानता। न ही वह जानवरों, साँप-बिच्छुओं और कीड़े-मकोड़ों को हेय व हानिकारक मानता है। हाँ, समाज में 'ओटंगा' जैसे कुछ लोग भी हैं जिन्हें बर्बर अनुष्ठानों के लिए मनुष्य का रक्त चाहिए। जिसकी चपेट में वह शहरी युवक आ जाता है जो पास के शहर से आया है। वह जंगल, जंगली परिवेश, आदिवासियों और ओटंगा को नहीं जानता। उसकी दृष्टि रोमानी है और अपने अजनबीयत के कारण ओटंगा से टकरा कर घायल हो जाता है। वन कन्याएँ उसे अपने घर ले आती हैं और चंगा हो जाने के बाद प्रेम भरे हृदय से उसे वापस भेज देती हैं। अपनी इस कहानी से एलिस प्रकृति के उस अकाट्य सत्य को दोहराती है कि सृष्टि में जीवन और मृत्यु दोनों समान रूप से है। जंगल जीवन देता है तो जीवन लेता भी है। कोई अगर स्वयं को जंगल का, अर्थात धरती का, पृथ्वी का मालिक और नियंता समझ रहा है, तो वह उसकी सबसे बड़ी भूल है।

दूसरी कहानी है 'दुर्गी के बच्चे और एल्मा की कल्पनाएँ'। कहानी का शीर्षक अपने आपमें ध्यान खींचने वाला है। बच्चे 'दुर्गी' नामक किसी स्त्री के हैं और उनके बारे में सोचने वाली 'एल्मा' कोई दूसरी स्त्री है। कहानी पढ़ने पर ही पता चलता है कि दुर्गी आज की शब्दावली में दलित है और एल्मा आदिवासी। यह कहानी जनवरी 1962 में छपी थी। प्रकाशन के लिहाज से प्रेमचंद के बाद दलित विषय पर लिखी गई यह हिंदी की पहली दलित कहानी है। उपलब्ध जानकारी के अनुसार मराठी दलित लेखक बाबुराव बागुल का पहला कहानी संग्रह 1963 में छपा था 'जब मैंने जात छुपायी'। कुछ लोग डॉ. अंगनेलाल लिखित 'आदिवंश कथा' (1968) को पहली दलित कहानी मानते हैं। इस प्रकार 1963 के पूर्व जयशंकर प्रसाद, प्रेमचंद, पांडेय बेचन शर्मा 'उग्र' आदि को छोड़कर उनके पूर्व हिंदी अथवा मराठी में किसी दलित कहानी के प्रकाशन का ब्यौरा नहीं मिलता। कम से कम अवर्ण लेखकों की किसी दलित कथा का तो जिक्र नहीं ही मिलता हे। आठवें दशक के बाद ही हम हिंदी और मराठी दोनों में दलित साहित्य का सुगठित उभार देखते हैं। अतः इसमें कोई संदेह नहीं कि 'दुर्गी के बच्चे और एल्मा की कल्पनाएँ' किसी अवर्ण लेखक द्वारा लिखी गई भारत की पहली हिंदी कहानी है। और जैसा कि दलित सिद्धांतकार और साहित्यकार दावा करते हैं कि आदिवासी भी दलित की व्यापक परिधि के अंतर्गत आते हैं तो एलिस पहली

दलित कथा लेखिका हैं और 'दुर्गी के बच्चे और एल्मा की कल्पनाएँ' हिंदी की पहली दलित कहानी। जिसके केन्द्र में दो अवर्ण महिलाएँ हैं, एक आदिवासी और दूसरी दलित, और दोनों एकदूसरे के सुख-दुःख के साथ खड़ी हैं।

'दुर्गी के बच्चे और एल्मा की कल्पनाएँ' कहानी की शुरुआत दुर्गी की पुकार से होती है, "एल्मा दीदी!...एल्मा दीदी!!!...!!!'। एल्मा उसकी पुकार सुनकर पीछे पलटती है और इसी के साथ कहानी भी कई वर्ष पीछे लौटती है। जब दोनों बच्चे थे। जवान होने के बाद दोनों अपने-अपने समाज के अनुसार जीवनपथ पर गये। पर बालपन में ही दोनों के बीच जो आत्मीय रिश्ता बना था वह अभी भी हरा था। इसीलिए वर्षों बाद हुई मुलाकात के बाद एल्मा दुर्गी के बहाने गैरआदिवासी दुनिया में दलितों की स्थिति पर विचार करते हुए कहती है–

> *'हाय री दुनिया! एक ही सृष्टिकर्ता परमपिता की संतानों में इतना फर्क! कोई हिंडोले पर झूलता है और कोई सिर पर मैला की बाल्टी लेकर घर-घर डोलता है। हाय विधाता, क्या तुम्हारा यही न्याय है? और कितना घिनौना काम है यह। क्या हमारे देश से इस कार्य का अंत कभी नहीं होगा? एल्मा की कल्पनाएँ दूर-दूर दौड़ने लगी।' उसकी 'आँखों के सामने ऐसे ही भारत की तस्वीर झूलने लगी' जिसमें उसकी 'सारी संतानें एक साथ कंधे से कंधा मिला देश को ऊँचा उठा रही हैं'।*
>
> (दुर्गी के बच्चे और एल्मा की कल्पनाएँ)

पहली नजर में और दलित साहित्य के विचार से यह सहानुभूति की कहानी लग सकती है। लेकिन हमारा आदिवासी दृष्टिकोण कहता है कि यह न सहानुभूति है न स्वानुभूति, बल्कि यह सामूहिक अनुभूति की कहानी है। जिसमें कहनेवाली और जिसकी कहानी है दोनों एक तल पर खड़े हैं, एक बराबरी के साथ।

अगली कहानी है 'सलगी, जुगनी और अंबा गाछ'। यह एक निश्छल प्रेम कहानी है। परंतु इस प्रेम की प्रकृति भिन्न है। राजू और सलगी दोनों बच्चे हैं और एकदूसरे को पसंद करते हैं। उन दोनों का प्रेम उस जुगनू के समान है जो आम के पेड़ पर रात के अंधियारे में चमकता है। जिसे पकड़ कर नहीं रखा जा सकता क्योंकि पकड़ते ही जुगनू अपनी चमक खो बैठते हैं। कहानी का सबसे मार्मिक प्रसंग वह वंचना है जिसका शिकार आदिवासी बन रहे हैं। आदिवासी इलाकों में जब विकास का आगमन हुआ तो वह अपने साथ वंचना, गरीबी और कई तरह की बीमारियाँ लेकर आई। वंचना की शिकार सलगी असमय बालपन में बुखार जैसी मामूली बीमारी से चल बसी। 1964 में लिखी यह कहानी हमें

आदिवासी समाज के असमय खत्म होने की उस नीयति की ओर इशारा करती है, जिसका संकट आजादी के बाद से लगातार बढ़ता चला गया है। जिस समय को भारतीय राजनीति और साहित्य में 'आजादी से मोहभंग' के रूप में चित्रित किया गया है, उसे एलिस अपनी इस कहानी के माध्यम से 'आदिवासियों का मृत्युकाल' घोषित करती है और हमें आदिवासी (सलगी), प्रकृति (जुगनू) और धरती (आम का पेड़) के सहजीवी रिश्ते की कहानी सुनाती है। जिनके नहीं रहने पर दुनिया में प्रेम का बच पाना भी असंभव है।

'कोयल की लाड़ली सुमरी' में एलिस फिर से आदिवासी दुनिया में बाहरी वर्चस्व को ब्लात्कार के रूप में चित्रित करती है। वर्चस्व की वासना का शिकार बनी सुमरी पेट में पल रहे अनचाहे बच्चे के साथ भी जीना चाहती है। लेकिन कहानी हमें बताती है कि आदिवासी समाज भी अब वर्चस्व की संस्कृति से ग्रसित हो चुका है। तभी तो समाज उसको कलंकिनी मान रहा है। एक हादसा जिसके लिए वह कहीं से जिम्मेदार नहीं है लोग उसके लिए उसे ही दोषी मान रहे हैं। उसे ही प्रताड़ित कर रहे हैं। समाज के ठेकेदार बन बैठे लोग उसे और उसके अजन्मे बच्चे को मौत की ओर धकेल रहे हैं। कोयल की लाड़ली बेटी सुमरी दुविधा में है।

> *'उसका मन द्वंद्व से भरा था। एक ओर जीवन के बादल उमड़-घुमड़ रहे थे, तो दूसरी ओर तूफानी लहरें काल-सी लपक रही थी। मूसलाधार बारिश पेट पर पड़ती तो अंदर का जीव उसे पकड़ने को मचल जाता। सामने कोयल की तूफानी लहरें थी। उसके मन की तरह हाहाकार करती हुई।'*

(कोयल की लाड़ली सुमरी)

एलिस की अगली दो कहानियों–'पंद्रह अगस्त, बिलचो और रामू' एवं 'धरती लहलहाएगी, झालो नाचेगी गाएगी'–में हम सुमरी की इस दुविधा को खत्म होते हुए देखते हैं। इन दोनों कहानियों में हम जीवन के प्रति, एक नये भारतीय समाज के प्रति कहानीकार का आशान्वित दृष्टिकोण पाते हैं।

इन सभी कहानियों में एलिस ने बहुत सादगी के साथ, बिना किसी आडंबरयुक्त भाषा और बगैर अतिरिक्त कारीगरी के साथ अपने 'कहन' को रखा है। शब्दों का चयन हो या वाक्यों का गठन, सबकुछ अत्यंत सरल है। भाषा आदिवासी हिंदी है और अपनी स्थानीय बोली बोलते हैं। नागपुरी, खोरठा और मगही जो क्षेत्रीय भाषाएँ हैं और झारखंड में बोली जाती हैं उनका प्रयोग एलिस ने बहुत ही जीवंतता के साथ किया है। उल्लेखनीय यह है कि इन भाषाओं के

प्रयोग से एलिस अपनी कहानियों में 'आंचलिकता का चमत्कार' नहीं पैदा करतीं बल्कि उन्हें वैसा ही साधारण रहने देती हैं जैसा कि उसको बोलने वाले लोग साधारण हैं।

कुछ उदाहरण देखिए–

बूटो ने कहा–'जल्दी निकसेक चहि फेचो! देरी करले ठीक नी होवी। बेरा निकइल जाइ तो बबु के हींठेक में कस्ट बुझाई।'

फेचो ने कहा–'होई बूटो, सोब साजल-बोजल आहे। अब चलकेहें है रे।'

(वनकन्या)

दुर्गी ने रोते-रोते कहा–'अकेले कमाई से का होव हइ दीदी। तीन-गो बेटी के तो बियाह कर देली। पाँच-गो अखनी छोटे हथी। तीन-गो छोट लड़कन--सब बड़ी तंग करऽ हथिन दीदी। एतना-एतना के कहाँ से खियाएब कि पहिराएब दीदी!'

(दुर्गी के बच्चे और एल्मा की कल्पनाएँ)

सलगी कहती–'धईर रहों राजू, मुदा सोब मोईर गेलैं।'

राजू कहता–'क्या कहा, सब मर गए?'

सलगी कहती–'हाँ राजू, सोब मोईर, गैलें' और उदास हो जाती।

(सलगी, जुगनी और अंबा गाछ)

उसके बूढ़े पिता को उसके लिए बहुत अभिमान था। वह तंबाकू फाँकते हुए गर्व से कहता, 'मोर सुमरी बिटी लखे नखे, कोनो गाँव के छोंड़ी।'

(कोयल की लाड़ली सुमरी)

एक साथ गाते–

कहाँ से आवय कंस बगुला,
बन लोरे बाँस बैसे के डेना फहराय;
पुरबे से आवय कंस बगुला,
पछिमे से आवय लोरे बाँस बैसे के डेना फहराय।

(पंद्रह अगस्त, बिलचो और रामू)

झालो ने डबडबाई आँखों से कहा–'ने झरियो, नदी में तो कटिको पानी नखे। गाय, गरु छगरी मन का के पीबैं!'

झरियो ने कहा–हाँ संगी झालो, ठीके बात आहे। गरु-डांगर लईहों पीएक पानी मिलत नखे।'

(धरती लहलहाएगी, झालो नाचेगी गाएगी)

एलिस की सभी छह कहानियों के केन्द्र में प्रकृति और आदिवासी स्त्रियाँ हैं। 'वनकन्या' में फेचो, 'दुर्गी के बच्चे और एल्मा की कल्पनाएँ' में दुर्गी और एल्मा, 'सलगी, जुगनी और अंबा गाछ' में सलगी, 'कोयल की लाड़ली सुमरी' सुमरी, 'पंद्रह अगस्त, बिलचो और रामू' में बिलचो' और 'धरती लहलहाएगी, झालो नाचेगी गाएगी' में झालो है। इन सभी स्त्रियों का जल, जंगल, जमीन और अपने प्राकृतिक परिवेश से, उस परिवेश में रहनेवाले अन्य जीव-जंतुओं, समस्त पेड़-पौधों और वनस्पतियों से गहरा जुड़ाव है।

'काली बकरी का काला 'पठरू' उसे बहुत प्यारा है। वह उसे बाएँ हाथ से छाती से चिपकाए काम करती है। कभी-कभी उसे लिए पहाड़ों पर चढ़ जाती है और उसे लिए ही कूदती-फाँदती उतरती है। उस समय सुमरी खूब अच्छी लगती है। सुमरी चूल्हा जलाती और अपने पिताजी के लिए 'कलवा' तैयार कर दो जोड़े बैल और बकरियों को लेकर वन की ओर चली जाती। जानवरों के भी तो पेट है न? वह पहाड़ों और तराईयों में उनके साथ-साथ विचरती। उन्हें नाम ले-ले कर पुकारती। जब वे सब भर पेट खा चुकते, तो काला पठरू को गोद लिए सुमरी सुंदर राग अलापती कोयल नदी के तीर आ जाती। उसकी सुरीली तान से पहाड़ और तराई गूँज उठते। आस-पास अन्य युवक-युवतियों की टोलियाँ भी अपने गाय-बैलों के साथ मँडरातीं, वे सब अपना-अपना राग उलापते। आसमान में एक तुमुल ध्वनि लहरा जाती।

(कोयल की लाड़ली सुमरी)

प्रकृति के नैसर्गिक परिवेश और पुरखों द्वारा अर्जित संस्कृति में रची-बसी ये सभी औरतें श्रमशील हैं, सृजनशील हैं और अपने-अपने ढंग से बिना कोई कोलाहल किये संघर्षरत हैं। फेचो ओटंगा जैसे बुरे मनुष्यों के खिलाफ है तो एल्मा उस पूरी व्यवस्था को ही बदल जाने की कामना करती है जिसमें दुर्गी जैसे लोगों को सिर पर मैला ढोना पड़ता है। सुमरी वर्चस्व के बलात्कार का गंभीर और भयावह अमानवीय सवाल सामने रखती है। वहीं बिलचो एक 'राष्ट्र और उसके विकास' से बार-बार छले जाने के बावजूद 'देश निर्माण' में अपनी भूमिका निभाने के लिए तैयार है। झालो आशंकित है और आशान्वित भी। पर अपनी आशंका

के बावजूद उसके भीतर आशा का गहरा सोता है। यह सोता लगातार हहराता रहता है जिसकी ध्वनियों को भाँप कर ही ननकु कहता है—

> *'मैं जानता हूँ झालो कब गायेगी और नाचेगी। जिस दिन भूख मिट जायगी—जिस दिन हमारी धरती धान के पके बालों से लहरायेगी—उस दिन झालो नाचेगी और गायेगी। उस दिन उसकी स्वर-लहरी हवा में लहरायगी—वह पहाड़ों से टकरा कर आकाश में गूँज उठेगा—सब के हृदय झंकृत हो उठेंगे, सब नाच उठेंगे तब—धरती थिरक उठेगी। और इसके लिए हम जी-जान एक कर देंगे कि धरती लहरा उठे। खेत-मुस्कुरा उठें, अनाज बलबला उठें।'*

(धरती लहलहाएगी, झालो नाचेगी गाएगी)

बेशक! एलिस बहुत ही 'मामूली' कथाकार है। जादूई यथार्थ और किसी भी चमत्कार के दावे से परे। उनकी कहानियों में प्रकृति है, समाज है, संगीत है, जीवन की लय है और बाहरी तथा भीतरी समाज के घात-प्रतिघात भी हैं। पर सबकुछ बगैर किसी नाटकीयता, कृत्रिमता के है। आदिवासी दर्शन और समाज की तरह सहज व सरल। बिना किसी लागलपेट के सीधे-सीधे और बहुत थोड़े में परंतु सारगर्भित तरीके से अपनी बात कह देना ही आदिवासी कहन की विशेषता है। आदिवासी कहन की अपनी कलात्मकता है। यह कहन आदिवासी वाचिकता का हिस्सा है, कोरी कल्पना पर कह गयी कहानी या 'फिक्शन' मात्र नहीं। आदिवासी कहन में परंपरा, संस्कृति, इतिहास और समूची समष्टि समाहित है जिसे हम 'वाचिकता' (ऑरेचर) कहते हैं। इसीलिए रूबी लैंग्फोर्ड ग्निबि कहती हैं, 'हमारी कहानियाँ हमारा इतिहास है'। इस आदिवासी कहन परंपरा और सहजीवी आदिवासी दर्शन का एलिस अपनी कहानियों में बखूबी और पूरे कौशल के साथ निर्वाह करती है।

एलिस एक्का की कहानियाँ

वनकन्या

जंगल ने मानो उस बस्ती को चारों ओर से घेरकर जैसे उसे गोद में ले रखा हो। पेड़ वहाँ इतने ऊँचे, ऐसे छतनार कि सूरज की किरणें भी जंगल की धरती पर नहीं पहुँच पातीं। सर्वत्र शांति और शीतलता बिराजती है। जंगली जानवरों, साँप-बिच्छुओं और कीड़े-मकोड़ों का सुखद वासस्थान। वहाँ झींगुर की झनकार, पक्षियों की काकली, पत्तियों की चुरमुराहट और खड़खड़ाहट, हवा की सरसराहट और साँय-साँय। एक ओर नदी अपनी कलकल-कुलकुल ध्वनि के साथ बहती जाती है। इन हल्की आवाजों के सिवा वहाँ बिल्कुल सन्नाटा है। उसी निस्तब्धता में कभी-कभी वन कन्याओं की धीमी पग-ध्वनि और फुसफुसाहट सुनाई दे जाती है।

सूरज की पहली किरण के साथ ही वनकन्याएँ अपनी-अपनी टोकरियाँ, कुल्हाड़ियाँ, बिंडा और रस्सी लेकर वन को चली जातीं। वहाँ जंगल के फल-फूल और कंद-मूल खोजतीं और उन्हें अपनी टोकरियों में और आँचल में इकट्ठा करतीं। वे सूखी लकड़ियाँ चुनतीं और उन्हें पेड़ की छालों से बाँधकर घर ले जातीं।

जेठ का महीना। मुर्गे ने बाँग दी नहीं कि वनकन्याओं ने जंगल की राह ली। वहाँ जंगल में वे चारों ओर घूमती-फिरतीं। कोई फल तोड़ती, कोई कंद-मूल खोजती। कोई दतवन तोड़ती और कोई लकड़ी बीनती।

फेचो, बूटो और लुंदरी वहाँ से चलीं, तो कुछ दूर निकल गईं। छोटी-सी पहाड़ी थी और उसके नीचे निर्मल जल का सोता बह रहा था। सहसा फेचो ने देखा कि सोते से कुछ दूर पर किसी मनुष्य का शरीर पड़ा हुआ है। वह भयभीत हो गई। तुरंत सोते के पानी से बाहर निकली और डर के मारे एक पेड़ पर चढ़ गई। फेचो ने बूटो और लुंदरी को इशारा किया जो केंद के पेड़ों पर चढ़ी हुई थीं।

उन लोगों ने भी उस निर्जीव शरीर को देखा। तीनों पेड़ पर सिकुड़ी-सिमटी बैठी थीं।

मगर फेचो का जी नहीं माना। आहिस्ता-आहिस्ता वह पेड़ से उतरी और हिम्मत बाँधकर उस शरीर की ओर जाने लगी। अब बूटो और लुंदरी को भी साहस हुआ। वे भी पेड़ों पर से उतर आईं और उसके पीछे-पीछे आने लगीं। वे तीनों इशारे से और फुसफुसाकर बातें कर रही थीं और चारों ओर देख रही थीं।

बूटो ने फेचो के कान में फुसफुसाया–'इसन बुझायला फेचो, कि इके कोनो बाघ-भालूमन मोराय दे आहैं।'

फेचो ने बात काटकर कहा–'नीहीं बूटो, बाघ-भालू कर काम नखे–नी बुझायला। बेचरंगा डहर बेंड़ाय जाय होई और एहे ठांवे निंदाय जाय है।'

लुंदरी ने कहा–'तोर गोइठ ठीक बुझायला फेचो, माय-की, ई आदमी-गोट जरूल निंदाय जाय आहे। हाय-हाय बेचरंगा। सहर कर कोनो छैला बुझायला। का जानी का लागिन ई बोन में आय गहरा कैर रहलक।'

अब वे तीनों उसके बिल्कुल नजदीक आ गईं और उसे घेरकर खड़ी हो गईं। फेचो उसके शरीर पर झुकी हुई थी और उसे गौर से देख रही थी। बोली–'कैसन सुंदर छोंड़ा आहे। कने डहर बेंड़ाय गेलक बेचरंगा।'

बूटो ने कहा–'कटिक बैइस के देख तो फेचो। कोनो ठिन काटल छोपल तो नखे?'

फेचो ने धीरे से उसके कंधे को उठाया तो पीठ पर दृष्टि पड़ते ही वह चीख उठी 'इयो'। वहाँ पर खून का ताजा धब्बा भी था। फेचो ने घबराकर कहा–'हाय-हाय, बेचरंगा के ओटंगामन छूरा भोंइक दे आहैं।'

लुंदरी ने कहा–'नीहीं फेचो, ऊमन तो मूड़ी काइट के ले जायँना रे। कोनो चोर-लुचा मनक काम होवी। बेचरंगा के लुइट-माइर के अधमोरा कइर दे आहैं।'

इसी समय युवक के मुँह से एक धीमी आह निकली। फेचो भयभीत होकर ठिठक गई। लुंदरी, बूटो और अन्य वनकन्याएँ, जो वहाँ आ गई थीं, सभी डर से काँप गईं। इस समय लुंदरी ने देखा कि उसके पैरों के पास एक नोटबुक, जूते, कैमरा और एक टूटी हुई चेन पड़ी हुई है। वे सब के सब उन चीजों की ओर देखने लगीं।

इधर उस युवक ने भी अपनी आखें खोलीं। अब तो सभी वनकन्याएँ भागने को तैयार। मगर जब उसकी पीड़ाभरी कराह सुनी तो रुक गईं। हृदय में ममता जाग उठी। उन लोगों ने एक दूसरे की ओर देखा और आँखों ही आँखों में बातें हो गईं।

फेचो उस युवक के पास आकर घुटनों के बल बैठ गई। वह शहरी बोली जानती थी। उसने उस युवक से पूछा–'बाबू, तुम्हारी यह दशा कैसे हुई? तुम कबसे यहाँ पड़े हो? यहाँ पास के पुल में जो काम हो रहा है क्या वहाँ के बाबू हो?'

युवक ने क्षीण आवाज में कहा–'मैं पुल में काम करने वालों में नहीं। मैं दूर शहर का रहने वाला हूँ। मुझे वन साहित्य से प्रेम है। हर छुट्टियों में किसी न किसी जंगल की सैर को निकल जाता हूँ। तुम्हारे इस वन की शोभा का वर्णन सुना था। इसी कारण यहाँ देखने चला आया।'

इतनी बात कहने के बाद वह युवक फिर बेहोश हो गया। वनकन्याओं ने उसके चेहरे पर पानी का छींटा दिया। तो फिर उसने अपनी आँखें खोलीं।

फेचो ने पूछा–'तुम्हे यह चोट कैसे आई बाबू?

युवक ने कहा–'इस खूबसूरत झरने का सुख लूट रहा था कि एक डरावना, खूँखार आदमी छूरा लेकर पीठ की ओर मेरे गले में झूल गया। मैं गिरा तो वह मेरी छाती पर सवार हो गया। फिर छूरा मेरे गले में चलाने को ही था कि मैंने पूरी ताकत से उसकी कलाई पकड़ ली। न जाने मुझमें कहाँ से दैवी शक्ति आ गई थी कि मैंने उसे ढकेल दिया और उठकर खड़ा हो गया। उसके बाद वह मुझ पर टूट पड़ा और मैंने उसे पटक दिया। वह मुँह के बल जमीन पर गिरा। मैंने अपने जूते उतारे और उसे ऐसी मार मारी कि वह औंधा पड़ा रहा। अब मैं निश्चिंत हुआ और चारों ओर देखने लगा, क्योंकि मुझे धीमी–धीमी पगध्वनियाँ और बोलियाँ सुनाई दे रही थीं। इसी बीच उस लाल आँखोंवाले खुंखार आदमी ने मुझ पर फिर से हमला किया। मगर शायद उसे भी तुमलोगों के आने की आहट मिल चुकी थी। उसने अपने छूरे से मेरी पीठ पर प्रहार किया और जंगल के बीच भाग गया। उसके बाद मैं नहीं जानता कि क्या हुआ! आँखें खुलीं तो तुमलोगों को देख रहा हूँ। तुमलोग वनकन्याएँ मालूम पड़ती हो। क्या मेरी मदद कर सकोगी?'

वह दर्द से करार रहा था।

फेचो ने कहा–'बाबू, हमारे इस जंगल में आकर आपको कष्ट हो गया। हमलोगों को इसके लिए दुख है। क्या करें बाबू, इन ओटंगा लोगों के चलते तो हमलोग तंग आ गई हैं। गर्मी के दिनों में ये जंगल में घूमते रहते हैं और अपने देवी-देवताओं के लिए आदमी का खून इकट्ठा करते हैं। इनके भय से तो सारा वन सन्नाटा हो जाता है बाबू।'

उसके बाद फेचो और लुंदरी ने आँखें ही आँखों बातचीत की। फेचो ने

कहा–'बाबू, तुम हमारे साथ चलो। इसी जंगल के बीच हमारी बस्ती है। शायद वह खुंखार यहीं कही आस-पास चक्कर लगा रहा होगा। वे लोग अकेला पाकर ही किसी पर हमला करते हैं।'

सभी वनकन्याओं ने उसे सहारा दिया और धीरे-धीरे बस्ती की ओर ले चलीं। फेचो आगे बढ़ गई थी और घर पहुँचकर लकड़ी से घिरे हुए दीवारों के भीतर एक मिट्टी के घर में एक ओर चारपाई बिछा दी। उसके ऊपर एक साफ कपड़ा भी डाल दिया। उसके बाद वह भोजन आदि का प्रबंध करने जा ही रही थी कि उसकी सहेलियाँ उस युवक को लेकर पहुँच गईं। फेचो ने दौड़कर उसे सहारा दिया और युवक को लाकर चारपाई पर सुला दिया। कहा–'बाबू, यहाँ आपको कोई कष्ट नहीं होगा।'

युवक मंत्रमुग्ध-सा उन लड़कियों की ओर देख रहा था। साँवला-सुहावना-सलोना सुगठित शरीर, बलिष्ट भुजाएँ। उनके अंग-अंग से स्वास्थ्य झाँक रहा था। सरल सहानुभूतिपूर्ण चितवन, हँसमुख मुखड़े। वन पल्लवों और फूलों से सजाए हुए तिरछे, जुड़े, घुटनों तक की मोटी लाल पड़िया साड़ी, उन्नत वक्षस्थल पर सिर्फ साड़ी का आँचल, गले में पोत की मालाएँ, कानों में तरपत और हाथ में लाह के कंगन। युवक को ऐसा लग रहा था मानो साक्षात वनदेवियाँ ही उसकी सेवा के लिए आ गई हों। चारपाई पर लेटते ही उसे एक अनिर्वचनीय आराम का अनुभव हुआ। उसकी आँख बंद हो गई और वह सुख की नींद सो गया।

साँझ। सूर्य की लाल-लाल किरणें पत्तियों से छन-छनकर फूस की छप्परों पर पड़ रही थीं और छिद्रों में से होकर भीतर कमरे की ओर भी झाँक रही थीं। सहसा युवक ने आँखें खोलीं तो देखा फेचो सामने खड़ी है। उसके एक हाथ में लोटा और एक में पत्तों का दोना। दोने में कुछ लेप-सा है। युवक को जगा देख फेचो ने कहा—'बाबू, दवा लगा लो।'

इतना कहकर उसने लोटे का जल रख दिया और युवक की पीठ के कपड़े को उठाकर घाव पर लेप चढ़ा दिया। तनिक देर में ही खून का रिसना बंद हो गया। युवक को कुछ ज्वर भी आ गया था। फेचो ने उसे कुछ जड़ी-बूटी का रस पिलाया, उसकी हथेलियों में तेल और तलुओं की मालिश की। कहा–'ज्वर आने पर हमलोग ऐसा ही करते हैं। तुम्हारा ज्वर उतर जायेगा और घाव को भी आराम मिलेगा।'

सचमुच बहुत आराम मिला। उसने कृतज्ञता भरे नेत्र फेचो की ओर उठाया

और कहा–'फेचो, मैंने तुमलोगों को बहुत कष्ट दिया।'

फेचो ने कहा–'बाबू, इसमें कष्ट की क्या बात। कष्ट तो आपकी है। आपका दुख दूर हो जाय, तो हमलोगों को खुशी होगी।'

इतना कहकर वह बहार चली गई और युवक के लिए एक कटोरा दूध लेती आई। कहा–'इसे पी लो बाबू, भूख लगी होगी।'

फेचो ने उसके सिर को धीरे से उठाया और दूध पिला दिया। फिर उसे अच्छी तरह सुलाकर चली गई।

दूसरा दिन। सुबह का समय। युवक स्वयं उठ पड़ा और नित्य के कामों से निवृत होकर चारपाई पर बैठ गया। हाथ में लोटा लिये हुए जब फेचो ने कमरे में प्रवेश किया, तो खुशी से उसकी आँखें नाच उठी। कहा–'बाबू, आप तो उठ बैठे हैं?'

युवक ने हँसते हुए कहा–'हाँ फेचो, रात बहुत आराम से सोया। बुखार तो आधी रात होते न होते छूट गया था। घाव को भी बहुत आराम मिला। दर्द तो अब बिल्कुल ही नहीं है।'

फेचो ने लोटा रखकर तुरंत उसके माथे पर हाथ फेरा। सचमुच ज्वर अब एकदम नहीं था। घाव भी सूखा-सूखा-सा दिखाई दे रहा था। उसने कहा–'हफ्ते-दिन में घाव बिलकुल अच्छा हो जायेगा। तब आप वापस जा सकेंगे। घर छोड़े कितने दिन हुए बाबू?'

युवक ने कहा–'यों तो मैं महीने-दो महीने घर से बाहर रहता ही हूँ। मगर अब मुझे वापस जाना चाहिए।'

फेचो ने उसे चावल की मोटी-मोटी रोटियाँ और भैंस का दूध दिया : कहा–'खाओ बाबू। न जाने आपको ये रोटियाँ कैसी लगेंगी, परंतु भूख तो मिटानी ही है। हम आदिवासियों के पास तुम्हारे योग्य चीजें भी तो नहीं।'

युवक ने कहा–'रोटी बहुत अच्छी है। तुम यहाँ बैठो। देखो, मैं कैसे खाता हूँ।'

फेचो बैठ गई और वह खाने लगा।

पूछा–'तुम न खाओगी?'

फेचो ने शर्माते हुए कहा–'तुम खा लो। मैं फिर खा लूंगी।'

फेचो उसे खाते हुए देखकर बहुत प्रसन्न थी।

जब वह खा चुका तो फेचो डुभा और छीपा को लेकर जाने लगी। युवक

ने उसे रोककर कहा–'फेचो, कुछ देर बैठो ना! तुमलोगों ने मुझे मृत्यु के मुँह से बचाया, मेरी कितनी सेवाएँ कीं, क्या मैं इसका बदला कभी दे सकूँगा?'

फेचो ने कहा–'बाबू, हमारे पास है ही क्या। अतिथियों की सेवा तो हमारा धर्म है। तुम अच्छे होकर घर चले जाओ तो हमें बड़ी खुशी होगी।'

युवक ने फेचो की ओर देखकर कहा–'यह जंगल अब मुझे बहुत ही प्रिय लगने लगा है फेचो! अब तो मुझे यहाँ से जाने का मन भी नहीं करता।'

एक सप्ताह के बाद।

फेचो की सेवा और यत्न से युवक चंगा हो गया। अब वे दोनों साँझ-सबेरे पास की नदी की ओर चले जाते और वहाँ की सुगंधभरी हवा और मनोहर दृश्य का सुख लूटते। वे दिन-दिन एक दूसरे के निकट आते जा रहे थे। मातृ-पितृविहीन फेचो को ऐसा लगा मानो उसने एक साथी पा लिया है। उस युवक में उसने आत्मीयता का अनुभव किया। युवक भी फेचो का साथ पा मानो संसार को भूल गया। वन का प्रेमी युवक एक वनकन्या को पा उसमें खो गया।

उसी नदी का किनारा।

आकाश रक्तरंजित-सा हो चला था। आस-पास की वनस्थली और नदी के जल में लालिमा छा गई थी। सहसा फेचो ने कहा–'बाबू, अब तो तुम अच्छे हो गये हो। घर वापिस न जाओगे? घर के लोग राह देखते होंगे।'

युवक गंभीर हो उठा।

फेचो आकाश में उड़ते हुए पक्षियों की ओर देख रही थी।

युवक ने फेचो की ओर देखे बिना कहा–'हाँ फेचो, जाना तो है, परंतु...'

फेचो ने पूछा–'परंतु क्या?'

युवक ने कहा–'तुम्हें अकेला छोड़ने का मन नहीं करता। तुम्हारी सेवा को मैं कभी भूल न सकूँगा फेचो। तुमने मेरे हृदय को भी जीत लिया है। आदिवासी इतने सहृदय और नेक होते हैं यह मुझे मालूम नहीं था।'

उसने फेचो का हाथ अपने हाथ में ले लिया।

युवक ने भर्राई आवाज में फिर पूछा–'फेचो, बोलो, क्या तुम मेरे साथ चल सकोगी?'

फेचो अब सिसकने लगी।

युवक ने उसे फिर से अपने साथ चलने का आग्रह किया।

फेचो आँसू पोंछती हुई चट्टान से उतर पड़ी और धीरे-धीरे घर की ओर जाने लगी।

युवक कुछ समय तक सिर पर हाथ रखे गुमसुम चुपचाप बैठा रहा, फिर नदी के जल में मुँह धोकर फेचो के साथ हो लिया।

वातावरण धुंधला-धुंधला सा हो चला था। वनस्थली में निस्तब्धता छा चुकी थी। झींगुर की आवाज गहरी हो गई थी। दोनों चुपचाप चले जा रहे थे।

आज भोर से ही आकाश मेघाच्छन्न है। पेड़-पौधे स्थिर और गंभीर दिखलाई दे रहे हैं। युवक की विदाई से सारा वन उदास और दुखी है।

फेचो ने तड़के उठकर युवक की सारी चीजें ठीक कर दी। जल्दी से भात बनाया और उसे खिलाया। कपड़े की एक टुकड़ी में गुड़ की कुछ रोटियाँ भी बाँध दीं और एक तुम्बे में जल भर दिया।

जब युवक ने वन के बूढ़े-बूढ़ियों और बच्चों से विदा ले ली, तो फेचो ने कहा—'अब चलो बाबू। अगर धूप निकल आई तो आपको कष्ट हो जायेगा। हाँ, ये अपने जूते पहन लो। और ये रहे तुम्हारे नोटबुक, कैमरा और चैन।'

फेचो ने उसकी सारी चीजें उसे दे दी।

युवक ने नोटबुक जेब में डाल ली, जूते पहने और कैमरा हाथ में ले लिया। उसके बाद वह फेचो के पास जा खड़ा हुआ। उसके हाथ में चेन लपेटता हुआ बोला—'फेचो, मेरे पास कुछ नहीं। देखती हो, इस चेन में कड़ियाँ किस तरह जुड़ी हुई हैं। इन्हीं कड़ियों की तरह हमारा हृदय पवित्र स्नेह से जुड़ा रहेगा। तुम मेरे स्नेह की पहली कड़ी होगी फेचो। जब-जब मैं वन-साहित्य लिखूँगा तुम्हें ही आगे रखकर लिखूँगा।'

युवक की आँखें भर आईं।

फेचो सिसक रही थी।

'फेचो! कने आहिस रे फेचो!'—यह बूटो की आवाज थी।

फेचो और युवक बाहर आ गए।

आसपास वनकन्याएँ थीं और कुछ युवक। वे सभी उस युवक के साथ जाने के लिए तैयार थे।

बूटो ने कहा—'जल्दी निकसेक चहि फेचो! देरी करले ठीक नी होवी। बेरा निकइल जाइ तो बबु के हींठेक में कस्ट बुझाई।'

फेचो ने कहा–'होई बूटो, सोब साजल-बोजल आहे। अब चलकेहें है रे।'

सभी उस युवक के साथ चल पड़े।

जब जंगल का छोर आया, तो सब रुक गए।

फेचो ने कहा–'अब हमें लौट जाने दो बाबू! यहाँ से कुछ ही दूर पर वह नदी है जहाँ पुल बन रहा है। वहाँ तुम्हें सवारी और यात्री मिल जायेंगे। हमारे दो युवक साथ जा रहे हैं। वे तुम्हें वहाँ तक पहुँचा आवेंगे।'

फेचो ने उन युवकों के हाथ में बंधी हुई रोटियाँ और पानी भरा हुआ तुम्बा दे दिया। युवक के साथ वे दोनों पगडंडी पर चल पड़े।

फेचो और उसकी सहेलियाँ उनलोगों को जाते हुए एकटक देख रही थीं। धीरे-धीरे वे उनलोगों की दृष्टि से ओझल होते गए।

फेचो की आँखें छलछला आईं।

युवक ने भी एक बार पलटकर उस वन की ओर देखा, लेकिन ऊँचे-ऊँचे पेड़ों के सिवा उसे और कुछ भी दिखलाई नहीं दिया।

फेचो वनकन्याओं के साथ वन में विलीन हो चुकी थी।

(आदिवासी, 17 अगस्त 1961, वर्ष 15, अंक 28-29)

दुर्गी के बच्चे और एल्मा की कल्पनाएँ

'एल्मा दीदी!...एल्मा दीदी!!!...!!!'

पुकार कानों में पड़ते ही एल्मा चौंकी। उसने पलटकर पीछे की ओर देखा। उसकी आँखें सड़क पर आने-जाने वालों को निरखने-परखने लगीं।

उसने एक औरत को भी देखा जिसके एक हाथ में झाड़ू और दूसरे हाथ में बाल्टी थी। एल्मा ने उसकी ओर विशेष ध्यान नहीं दिया।

परंतु वह औरत जल्दी-जल्दी कदम बढ़ाती एल्मा के पास पहुँच गई। उसकी आँखों में आनंद की दीप्ति थी। एल्मा एक बार फिर चौंकी। उसके मुँह से एकाएक निकल आया–'दुर्गी!'

और एल्मा ने मन में सोचा क्या यह सचमुच में दुर्गी ही है? वह उस दुर्गी की ओर आगे बढ़ी।

अपनी ओर एल्मा को आती देख मानो दुर्गी के पैरों में पर लग गए।

पल भर बाद दोनों आमने-सामने थीं–एल्मा और दुर्गी। हाथ के बोझ और तेजी से चलने के कारण दुर्गी हाँफ उठी थी।

एल्मा को अपने सामने देखकर दुर्गी ने चहककर कहा–'एल्मा दीदी, हमरा पहचनलियई न!'

दुर्गी ने कहा और मुस्कुराकर एल्मा की ओर देखा।

उसे देखकर एल्मा को भी बड़ी प्रसन्नता हुई। दुर्गी...एल्मा ने हर्षित होकर कहा–'हाय दुर्गी! तू ही है रे। मैंने तेरी आवाज से ही तुझे पहचान लिया था। मगर तू यहाँ कहाँ से टपक पड़ी? ...और तेरी यह सूरत! यह मैं क्या देख रही हूँ। अरी दुर्गी, तू बहुत बदल गई रे।'

दुर्गी के होठों पर एक मलीन हँसी आई और चली गई। बोली–'दो-तीन

साल से इहंई काम करइत-ही दीदी। का आप सब एही महल्ला में रहा हा? बड़ दिन में भेंट भेंलई दीदी।'

मानो दुर्गी बिचारी आप में नहीं समा रही हो : खुशी उसके चेहरे से फूटी पड़ती थी। आँखें चमक रही थीं। होठ के कोनों पर मिलने की खुशी काँप रही थी।

एल्मा ने कहा–'हाँ रे, यहीं तो मेरा घर है। वह जो पीला-पीला फाटक दिखलाई दे रहा है न, वही। दो-तीन दिनों से यहाँ की जमादारिन नहीं आ रही है। क्या तू उसके एवज में आई है?'

दुर्गी ने कहा–'हाँ दीदी, हमही ओकर एवज में अइले ही। ऊ पीला फाटकवाला घरवा से तो हम अखनीए मैला उठा के अइली रहे।'

एल्मा ने कहा–'शायद मेरे सड़क पर निकल जाने के बाद तू उस घर में गई होगी। मेरे कुत्तों ने तो खूब भौंका होगा?'

दुर्गी ने कहा–'हाँ दीदी, ठीके। भूकत रहथी कि। खूब भुकलथी। दइवा ऊ-सबके बाँध देलई, तब हम कमा के चल अइली। ओकर बाद अभी तोरा देख रहल ही एल्मा दीदी। हम तो तोरा पीछे ही से पहचान लेली। फिन हमर मुँह से अचक्के 'एल्मा दीदी' निकल गेलइ। तू-हों हमरा चिन्ह लेल न दीदी। बीस-बाइस बरिस बाद भेंट भेल दीदी। बड़ी खुशी भेलक।'

'ठीक कहती है दुर्गी!' एल्मा ने कहा–'बहुत दिनों के बाद मुलाकात हुई है। दुनिया गोल है न। जिंदगी में कभी-न-कभी कहीं न कहीं मुलाकात हो ही जाती है। अच्छा, चल। लौट चल। कुछ देर बैठकर बातें करेंगी।'

'हाँ दीदी, चलऽ न; जवानी-परिया कैसन बैठ के बतिया हलियई। अपने तो जरिको न बदलियई हे दीदी। तब्बे तो पीठ दने से पहचान ले ली। कहाँ बियाह करली हे दीदी? कै-गो छउआ सब हथी? ऊ का करऽ हथी?' उसने एक ही साँस में पूछ डाला।

एल्मा ने कहा–'पहले घर तो चलो, फिर सारी बातें होंगी।'

आगे-आगे एल्मा और पीछे-पीछे बाल्टी लिए दुर्गी। लोगों ने चकित आँखों से इन दोनों की ओर दिखा। क्या बात है? लोगों को दिलचस्पी हो रही थी।

एल्मा के घर पहुँचकर वे दोनों पीछे के मैदान में बैठ गईं। दुर्गी ने अपनी बाल्टी और झाड़ू एक पेड़ की ओट में रख दिया। फिर चारों ओर देखकर पूछने लगी–'ई अपने घर हई दीदी?'

एल्मा ने कहा–'हाँ रे, अपना ही घर है।'

इतने में पाँच छः साल का एक मैला-कुचैला लड़का आकर दुर्गी से लिपट गया।

एल्मा ने पूछा–'यह तेरा लड़का है दुर्गी?'

दुर्गी ने कहा–'हाँ दीदी, ई चौठा मरद से होल हई।'

एल्मा ने ताज्जुब से उसकी ओर देखा–'चौथा मर्द! क्या कहती है दुर्गी; तुने चार मर्द कर लिये?'

दुर्गी ने कहा–'का करब दीदी। पेट-चंडाल के कारन का नहीं करे पड़े। हमर सादी तो अपने सबके सामने गोमला (गुमला जिला, झारखंड) में होवल रहे। अपने-सब हुआँ से गेलियई कि रांड़ हो गेली। एक महीना के बच्चा छोड़ ओकर बाप चल बसलई। साल-हों न लगलई रहे कि एगो जमादार साथे चैबासा (चाईबासा) चल गेली। ओकर साथे पाँच-छौ बरिस रहलियई दीदी; लेकिन ऊ हरमजादा पतरनजरिया एगो दूसरे जमादारिन साथे चल गेलई। ओकरा जरको दया-मया न अइलई दीदी। जब छउआ-पूता दाना-पानी खातिर तरसे लगथी, तो एगो दूसर जमादार दया करके रख लेलई। लेकिन हमर फूटल कपार कि ऊहो हैजा बीमारी के चलते मर गेलई।'

दुर्गी की आँखें गीली हो गई थीं। चेहरे पर करुण भाव उभर आया था।

उसने आँसू पोंछकर फिर कहना शुरू किया–'अब हमर मन हुआँ न लगलई दीदी! हम सीधे अपन नैहर लालटेनगंज (डाल्टनगंज, अब मेदिनी नगर) चल गेली। हुँअई के चौठा हलथी; लेकिन ऊ अभागा भी कोढ़ के चलते एक्को साल न ठहरलई। एही तो हमर किसमत हई दीदी। तबसे छौआ-पूता खातिर अकेले घर-घर मैला उठावइत फिरऽ हियई। देखऽ न, सवांग कैसन हो गेलक हे। केस पक के खिचड़ी हो गेल। गतर में कहीं मांस नई। आँख धंस गेल।...अपने तो देखले रहियइ न दीदी, कि हम कैसन हली?'

दुर्गी की आँखों से आँसू की धारा बहने लगी। वह सिसक उठी।

एल्मा ने कहा–'रो मत दुर्गी, होनहार होकर ही रहता है। इसमें रोने की क्या बात। तू कितनी बहादुर है कि बच्चों को पाल-पोसकर बड़ा किया। अब ये ही काम देंगे।'

दुर्गी ने रोते-रोते कहा–'अकेले कमाई से का होव हइ दीदी। तीन-गो बेटी के तो बियाह कर देली। पाँच-गो अखनी छोटे हथी। तीन-गो छोट लड़कन--सब बड़ी तंग करऽ हथिन दीदी। एतना-एतना के कहाँ से खियाएब कि पहिराएब दीदी!'

एल्मा के पास इस बात का कोई जवाब नहीं था; मगर जैसा कि कहा जाता है, उसने कहा–'सब ठीक हो जायेगा दुर्गी। जिसके कोई नहीं उसके भगवान हैं। तू धीरज रख। दिल को छोटा न कर।'

इतना कहकर एल्मा घर के भीतर चली गई और तुरंत ही कुछ पुराने कपड़े, सूप में चावल-दाल, कुछ सब्जी और पाँच रुपए का नोट लाकर दुर्गी के सामने रख दिया। बोली–'इन्हें रख ले दुर्गी। जबतक इधर काम करोगी, मेरे यहाँ से बचा-खुचा ले जाया करना।'

दुर्गी आँसू पोंछकर सारी चीजों को अपनी साड़ी में रख, सामने के आँचल में खोंस लिया और नोट को आँचल के छोर में गाँठ देकर बाँध लिया।

एल्मा ने कहा–'अच्छा दुर्गी, अब जा। और भी तो काम है।'

दुर्गी बोली–'हाँ दीदी, मारवाड़ी टोला जाय के हई। न जायब तो गारी सुने पड़ी।'

एल्मा ने कहा–'हाँ दुर्गी, जा, काम न करने पर तो गाली सुननी ही पड़ती है। अपना काम ठीक से करना चाहिए। एक हमारी जमादारिन है न, जिसके एवज में तू आती है, इतनी कामचोर और थेथर कि क्या कहें। कई दिनों तक चुप लगा जाती है और जब टोको तो दस बहाने। देखा न, पाखाना कितना सड़ रहा था। खैर, अब तू आ गई तो सब साफ हो गया।'

दुर्गी ने कहा–'दीदी, फिन ऐसन करतई तो मुनिसपलटी में रिपोट कर द। ओकर बाद सब ठीक हो जइतई।'

एल्मा बोली–'अरे रिपोट कर-करके तो थक गई। कहाँ क्या होता-जाता है। वह बस अपनी जगह पर अड़ी है। सो अड़ी है। खैर, जबतक तू है तबतक तो काम ठीक से चलेगा।'

दुर्गी ने सिर पर बाल्टी उठाई और हाथ में झाड़ू लेकर बाहर सड़क पर चली गई।

एल्मा वहीं बैठी रही। उसकी आँखों के सामने बीस वर्ष पहले की दुर्गी की तस्वीर घूम रही थी।...बीस वर्ष पहले की दुर्गी!...शायद वह बीस वर्ष की भी नहीं थी...एल्मा की समकालीन चौदह-पंद्रह साल की दुर्गी...उसकी आँखों के सामने दिखलाई देने लगी।...

झन-झन-झन-झन...साँकल की आवाज।

'एल्मा दीदी! एल्मा दीदी! दरवाजा खोलिए।'

एल्मा दौड़ जाती और दरवाजा खोल देती। दरवाजा खुलते ही दुर्गी अपने मोती-जैसे दांत दिखलाकर हँसने लगती।

एल्मा कहती–'आ अंदर आ न', और दुर्गी हाथ में झाड़ू लिये इतराती-बलखाती

अपनी पैजनियों को रुम-झुम बजाती अंदर चली जाती और पाखाना घर की सीढ़ियों पर बैठ जाती। पीली साड़ी, सिर पर आँचल माँग में सिंदूर और उसके ऊपर मंगटीका। हाथों में चूड़ियाँ और आँखों में काजल। वह आँखों ही आँखों में इस तरह शरमाती कि लगता कि जैसे देवबाला आ गई हो। एल्मा उसे देखती रहती और कभी उसी के पास सीढ़ियों पर बैठकर उससे बातें करती। दोनों हँस-हँस कर बातें करतीं।

तब एल्मा की माँ पुकारती थी–'एल्मा इधर तो आ।'

एल्मा झुंझलाकर उठ जाती। माँ के पास पहुँचती।

पूछती–'क्या है माँ?'

माँ उसके कान में फुसफुसाकर कहती–'अरी एल्मा, क्या आदत बना रखी है तुमने। मेहतरानी के साथ बैठ कर बातें करती है।'

एल्मा चुप रहती।

माँ कहती–'जा, काम कराके जल्दी से उसे वापस भेज।'

और तब एल्मा बोलती–'मेहतरानी है तो क्या हुआ माँ, मेरी ही तरह तो है बिचारी। बल्कि मुझसे भी सुंदर है। बात करने में हर्ज ही क्या।'

एल्मा कहती-कहती चली जाती और दुर्गी के साथ गप्प लड़ाने लगती। जब काफी देर हो जाती तो एल्मा कहती–'चल दुर्गी, पानी देती हूँ, धो पाखाना।'

छमाछम दुर्गी उठ जाती। साड़ी सँभालतीं, आँचल सँभालती और एल्मा से पानी लेकर धोने लगती।

दुर्गी कहती–'एल्मा दीदी, हटिए न, पानी के छींटे पड़ेंगे।'

धुलाई खत्म हो जाती तो दुर्गी दरवाजे के बाहर चली जाती। एल्मा देखती कि बाहर जाकर वह झाड़ू और बाल्टी उठाकर मचलती हुई चली जा रही है।...

एल्मा सोचने लगी। बीस साल की दुर्गी और आज की दुर्गी। दोनों में कितना फर्क है। उम्र परिवर्तन लाती है, लेकिन जीवन की परिस्थितियाँ आदमी को कितना शीघ्रता से परिवर्तित कर देती है। नसीब क्या से क्या कर दिखलाता है। बिचारी असमय में ही बूढ़ी लगने लगी है। उधर ऐसे कितने हैं जिनके पास बुढ़ापा जैसे फटकता ही नहीं। हजारों दिलों को लुभानेवाली दुर्गी आज पहचानी भी नहीं जाती।

एल्मा के सामने विषमताओं को तस्वीरें घूमने लगीं। जीती-जागती तस्वीरें।

हाय री दुनिया! एक ही सृष्टिकर्ता परमपिता की संतानों में इतना फर्क! कोई हिंडोले पर झूलता है और कोई सिर पर मैला की बाल्टी लेकर घर-घर डोलता है। हाय विधाता, क्या तुम्हारा यही न्याय है? और कितना घिनौना काम है यह।

क्या हमारे देश से इस कार्य का अंत कभी नहीं होगा?

एल्मा की कल्पनाएँ दूर-दूर दौड़ने लगी। काश, ऐसा भी दिन आता कि इस आजाद भारत के कोने-कोने बिलकुल साफ-सुथरे हो जाते। जमीन के भीतर-भीतर सारी गंदगी बह जाती। सभी अपनी सफाई का काम आप कर लेते। तब शायद ही कोई भंगी होता।

एल्मा की आँखों के सामने ऐसे ही भारत की तस्वीर झूलने लगी। उसने दुर्गी की संतानों को साफ-सुथरी हालत में देखा। सारी संतानें एक साथ कंधे से कंधा मिला देश को ऊँचा उठा रही हैं।...

(आदिवासी, 26 जनवरी 1962, वर्ष 15, अंक 50-51)

सलगी, जुगनू और अंबा गाछ

पहाड़ के ऊपर एक छोटा-सा बंगला। चारों ओर घने लंगल। पास ही, छिटफुट कुछ बस्तियाँ। बस्तियों के आस-पास घने साल के वन। निकट ही एक झरना और ऊपर पहाड़ पर उसी झरने की कलकल निनादिनी पहाड़ी नदी। तराई में हरी-हरी घास और धान के खेत।

बरसात के दिन। रात्रि। करीब सात बजे होंगे। ठंढी-ठंढी हवा। बादल मानो बोझ से दबे पड़ रहे हों। सर्वत्र अंधेरे का राज्य। हाथ को हाथ नहीं सूझता। उधर झरना और नदी अलग धूम मचाए है। वर्षा के जल से नदी, ताल-तलैया और झरने सबके सब लबालब हो उठे।

सात-आठ वर्षीय राजू अपनी माँ के साथ बंगले की खिड़की पर खड़ा है। पास ही एक पुराना वृहद आम का वृक्ष। उस पर सहस्त्रों, जुगनू जब एक साथ चमक उठते हैं तो, ऐसा मालूम पड़ता है मानो हजारों बिजली के बल्ब एक साथ जल उठे हों। एक पल के लिए आम का वृक्ष प्रकाशमान हो उठता है। राजू तब तालियाँ बजाता और मचल-मचल कर कहता–'माँ, हम जुगनू लेंगे।' माँ बेचारी हैरान हो जाती। राजू रोता-चिल्लाता। इतने में दो-चार जुगनू घर में प्रवेश कर जाते। माँ उन्हें अपने आँचल में रख राजू को दिखाती। राजू खुश होता। कहता, 'माँ इसके पीछे बत्ती है क्यों?' माँ कहती–'हाँ बेटा'। राजू कहता, 'माँ हम भी बत्ती लगाएँगे, लगा दे बत्ती।' माँ कहती–'हाँ बेटा, तुम अच्छे लड़के बनो, तो तुम्हें भी बत्ती मिलेगी। अब सो जाओ।' राजू अपनी माँ से लिपट कर सो जाता।

सुबह। चाय-नाश्ते से निवृत हो राजू दौड़ता-दौड़ता पास की बस्ती की एक झोपड़ी में चला जाता। सलगी उसकी राह देखती। राजू को देखते ही वह उसकी ओर भागती। राजू की हमजोली सलगी। काले घुंघराले चंचल लट। कमर में पतली

एक गमछी ओढ़े। कान में कनौसी, नाक में नथ, गले में पोत की मालाएँ। चिकने-चिकने गोल-गोल गाल। चंचल दृष्टि। पास आते ही दोनों किलकारियाँ मारते और हाथ में हाथ डाल मैदान और तराइयों की ओर भाग जाते।

राजू पूछता–'रात जुगनू नहीं पकड़ी सलगी'?

सलगी कहती–'धईर रहों राजू, मुदा सोब मोईर गेलैं।'

राजू कहता–'क्या कहा, सब मर गए?'

सलगी कहती–'हाँ राजू, सोब मोईर, गैलें' और उदास हो जाती।

राजू उसे खूब मनाता। कहता–'उदास मत हो सलगी। उस दिन मौलवी साहब की दो मुर्गियाँ भी मर गई थी और बुधवा काका की एक बकरी भी। हाँ, और देखा नहीं, उस दिन यूसुफ नाना की नतनी लुइजा कैसे अचानक मर गई। बेचारी कितनी अच्छी लड़की थी। हमारे साथ खेलती थी। परंतु काले साँप ने उसे काट लिया और दवा के बिना पल भर में ही वह मर गई। देखो वही कब्रिस्तान है। उन लोगों ने वहीं उसे गाड़ा है। सलगी, जुगनू भी मरते हैं और सब मनुष्य और जानवर भी। माँ कहती थी कि अगर हम अच्छे बनेंगे, तो हमें भी जुगनू की तरह बत्ती मिलेगी। समझी?

सलगी तब कहती–'सच्चो राजू' और वे दोनों हँसते-खेलते दूर खेतों को भाग जाते।

खेतों में धान रोपे जा रहे थे। खेत पानी और कादो से सने हुए थे। स्त्रियाँ गीत गा-गा कर रोपनी कर रही थीं। बच्चे बीड़ा छींट रहे थे। कहीं-कहीं खेतों में 'पाटा' मारे जा रहे थे। कहीं-कहीं आड़ो में 'कुमनी' रोपी गई थी और कहीं-कहीं नंग-धड़ंग छोटे बच्चे और बच्चियाँ मछली, केंकड़े और घोंघे पकड़ने में लीन थीं। राजू और सलगी ने उनका साथ दिया और करीब दोपहर बीतने पर घर वापस चले गये।

राजू की माँ ने कहा–'बेटा, बरसात के दिन है। इधर-उधर खेत में न निकला करो। भींग जाओगे तो बीमार पड़ जाओगे। यहाँ डाक्टर-बैद्य भी तो नहीं मिलते। देखता नहीं अस्पताल कितनी दूर है?'

राजू कहता–'माँ सलगी बड़ी अच्छी लड़की है। वह मेरे साथ खेलती है। माँ, वह पानी में रोपा-रोपती है। माँ, वह गीत गा-गा कर रोपती है। आज हम लोगों ने खूब मछली और केंकड़े पकड़े। माँ, सलगी को यहाँ ले आओ न। उसका घर एकदम मिट्टी का है। वह चूता है माँ। छत फूस की है।'

उसकी माँ कहती–'नहीं बेटा, उसके माँ-बाप आने न देंगे।'

राजू फिर कहता–'माँ, सलगी ने उस दिन जुगनू पकड़ा था। परंतु वे सब

मर गए। सलगी बहुत उदास थी। हम दोनों उदास थे। माँ, जुगनू क्यों मर गए? वे तो इस आम के वृक्ष पर कितना सुंदर चमकते हैं। माँ, फिर कब जुगनू निकलेंगे? राजू की आँखों में आँसू भर आए।

माँ ने कहा–'रो नहीं, बेटा। सलगी के जुगनू मर गए, क्योंकि उसने उन्हें बन्द कर रखा था। उन्हें पकड़ कर बन्द नहीं करना चाहिए। बेटा, वे तो सिर्फ पल भर के लिए चमक कर हमें सुख पहुँचाते हैं। उन्हें पकड़ कर कष्ट नहीं देना चाहिए।'

राजू कहता–'माँ, मैं फिर जुगनू देखूँगा। उन्हें नहीं पकड़ूंगा। सलगी भी नहीं पकड़ेगी।'

रात्रि! करीब सात बजे। काली रात। उस दिन फिर उस वृहत् आम-वृक्ष पर असंख्य जुगनु चमक उठे। राजू निहाल होकर उनका चमकना देखता रहा। उस स्याह-जैसी काली रात में उनका एक साथ चमक उठना उसके कोमल हृदय-पट पर अंकित हो गया। वह चुपचाप अपनी माँ की छाती से लिपट उन्हें देखता रहा–देखता रहा। और धीरे-धीरे उसकी आँखें छुप गईं। उसने नींद में भी देखा कि आम का वृक्ष जुगनुओं की रोशनी से चमक उठा है और वह सलगी के पास खड़ा है।

सूरज उगते ही राजू सलगी के घर पहुँच गया। पुकारा–'सलगी, ऐ सलगी, आ जाओ, एक मजेदार बात बताऊँगा।' लेकिन कोई जवाब न मिला। कोई दौड़ कर न निकला। राजू ने उधम मचाते हुए झोपड़ी में प्रवेश किया, तो क्या देखा कि सलगी चटाई पर पड़ी है। रात की वर्षा से पानी चूने के कारण, जहाँ वह सोई थी वहाँ की जमीन गीली हो रही थी। सलगी ज्वर से हाँफ रही थी। उसकी माँ बेचारी उसके पास बैठ उसे तेल लगा रही थी। उसने उसके माथे पर कुछ लेप भी दिया था।

राजू भीतर जाकर सलगी के पास बैठ गया। उसने उसका हाथ पकड़ा। कहा–'सलगी तेरा हाथ तो जल रहा है। तुझे तेज बुखार है। रात जुगनू पकड़ी थी क्या?'

सलगी ने कहा–'हाँ राजू, ढेईर जुगनू धइर रहलौं। मुदा सोब मोईर गेलैं।'

राजू ने कहा–'हाय, हाय सलगी, जुगनू को नहीं पकड़ते। वे तुरंत मर जाते हैं। हमारे घर के नजदीक आम का बूढ़ा पेड़ है न, उस पर जब जुगनू चमकते

हैं, तो जानती हो वे कितने सुंदर दिखाई देते हैं? तुम अच्छी हो जाओ तो मैं तुम्हें एक रात दिखा दूँगा कि सचमुच वह आम का वृक्ष जुगनू के चमकने पर कितना सुंदर दिखाई देता है।'

सलगी रोने लगी। कहा–'राजू मोके ऊ आमा गाछ के देखाय दे।'

राजू ने कहा–'अच्छी हो जाओ सलगी, मैं अवश्य दिखा दूँगा। मैं अपनी माँ से कहूँगा तो वे तुम्हें जरूर घर ले जायेंगी।' यह कहते हुए राजू ने उसके आँसू पोंछे और स्वयं आँखें मलता हुआ वहाँ से चला गया।

घर जाकर उसने अपनी माँ से कहा–'माँ, सलगी को बहुत बुखार है। कल रात वह ओस में दौड़-दौड़ कर जुगनू पकड़ रही थी। उसे ज्वर चढ़ गया।'

उसकी माँ ने कहा–'सचमुच बुखार आ गया है उसे? इन दिनों का बुखार अच्छा नहीं। उसे शीघ्र दवा देनी होगी। ठहर, मैं अभी ब्लोक के डाक्टर को खबर करती हूँ।'

राजू ने कहा–'माँ, माँ जल्दी डाक्टर से दवा मंगा दो नहीं तो सलगी का बुखार बढ़ जायेग।'

उसकी माँ ने कहा–'हाँ बेटा, मैं अभी भेजती हूँ।'

राजू ने फिर कहा–'माँ वह कह रही थी कि हमारे आम-वृक्ष पर जुगनू देखने आयेगी।'

माँ ने कहा–'हाँ बेटा वह अच्छी होकर अवश्यं आयेगी।'

राजू एक वृद्ध फिलासाफर की तरह गाल पर हाथ रखे बैठा रहा।

और दूसरे दिन सुबह। राजू सलगी के घर पहुँचा, तो देखा कि वहाँ गाँव वालों की भीड़ लगी हुई है। वह सहमता हुआ, आँखें फाड़े भीतर पहुँचा, तो क्या देखता है कि सलगी की माँ पछाड़ खा-खा कर रो रही है। राजू को देखते ही वह चिल्ला-चिल्ला कर रोने लगी–'हाय बेटा राजू, हमर सलगी चइल बसलक। राईत भईर दवा दारू, झाड़-फूंक करलों, मगर कोनों नी भेलक।' वह सिर पटक-पटक कर रो रही थी। अन्य स्त्रियाँ भी उसके साथ कुछ कह-कह कर रो रही थीं। राजू भी जोर जोर से रोने लगा। वह दोनों हाथों से आँसू पोंछता और आँखे मल-मल कर उन्हें लाल कर दिया था। वह कह रहा था कि सलगी क्या सचमुच मर गई। उसके जुगनू भी तो मर गए थे। वह मेरे आम-वृक्ष पर जुगनू देखने कब आयेगी?

सलगी की माँ ने उसे छाती से लगा लिया और फफक-फफक कर रोने लगी।

कुछ देर बाद राजू की माँ भी उस दुखद स्थल पर हाजिर हो गई। उसके हाथ में कुछ दवा की शीशी और पुड़िया थी। परंतु, अब उनके क्या काम? चिड़िया उड़ चुकी थी। काश कि अस्पताल कुछ नजदीक होता! शायद कोमल कली की जान बच जाती। परंतु अब क्या किया जाए। सलगी को असमय ही मृत्यु ने डंस लिया। एक जंगल की अनुपम कली, असमय ही सूख कर झड़ गई। या इसे विधाता का खेल ही समझिए।

राजू की माँ ने राजू को बहुत समझाया-बुझाया। परंतु वह क्यों कर समझे? वह रोता-चिल्लाता अपनी माता के पास साथ साथ घर वापस चला गया।

इस घटना के बीते हुए पंद्रह-सोलह साल व्यतीत हो चुके थे। राजू अब एक युवक है। शिक्षित और अत्यंत भावुक। वह आम का वृक्ष भी यों ही खड़ा है। डालियाँ और भी फैल गई हैं।

अब भी राजू, बरसात की काली रातों में, उसी बंगले की खिड़की पर खड़ा हो जाता है। हाँ, अब उसकी माँ नहीं रही। वह अकेले ही, एकटक उस वृक्ष की ओर देखता है और जब कभी उस वृक्ष पर एक साथ असंख्य जुगनू जगमगा उठते हैं, तो वह और भी गंभीर हो उठता है। वह निर्निमेष उन्हें घंटों देखता रहता है और उसकी आँखों के सामने एक सरल ग्रामीण बालिका की तस्वीर खिंच जाती है। वह एक दीर्घ निःस्वास छोड़ता और बिस्तर पर चला जाता...और जब वह स्वप्न-संसार में विचरण करने लगता, तो देखता कि सर्वत्र अंधेरा है और घने आम-वृक्ष पर असंख्य जुगनू एक साथ चमक रहे हैं...परंतु...परंतु...सलगी उन्हें देख न सक रही है...

(आदिवासी, 15 अगस्त 1964, वर्ष 18, अंक 28)

कोयल की लाड़ली सुमरी

कोयल नदी की विस्तृत तराई–चट्टानों और बालू से भरी हुईं बीचोंबीच नदी की पतली धारा। उसमें स्वच्छ-निर्मल जल, आसपास घने वन, सर्वत्र निस्तब्धता। पक्षियों का कलरव और नदी की मंद कलकल के सिवा कुछ सुनाई नहीं देता।

शीतकाल, कड़ाके की सर्दी, घास, फूल पत्तियों और नदी के जल के ऊपर पाला पड़ा हुआ। कोई जमीन पर पैर धरे तो ठिठुर कर काठ हो जाए। नदी के उस पार एक छोटी-सी बस्ती। जंगलों से घिरी हुई। आठ-दस मिट्टी की झोपड़ियाँ। उनमें खिड़कियों की जगह छोटे सुराख और दरवाजों के लिए एक-एक लकड़ी के तख्ते। झोपड़ी के समान लकड़ी के घेरे। घेरों के बीच गाय-बैल बंधे हुए और कुछ सफेद, काली और भूरी बकरियाँ भी, पास ही गोबर फेंकने के गड्ढे। खेतों में सरसों के पीले फूल और घर के नजदीक क्यारियों में मिर्चा के पौधे। उनमें लाल-लाल मिर्चे लदे हुए। इसी एक झोपड़ी में एक छोटा-सा परिवार रहता है। उसके यहाँ एक लड़की है–नाम है सुमरी।

सुमरी पंद्रह-सोलह वर्ष की एक अल्हड़ छोकरी, साँवली, हँसमुख, चांद-सा मुखड़े वाली। हँसती तो बड़ी भली लगती है। घुटनों से कुछ नीचे तक की पड़िया साड़ी। वक्षस्थल में उसी का आँचल, पुष्ट भुजाएँ, गले में पोत की मालाएँ, कानों में तरपत। हाथों में लहठिएँ, कान के ऊपर दाहिनी ओर तिरछा जूड़ा और उसमें अंटकाए फूल। बाएँ हाथ में कमर में लगा कर मिट्टी का घड़ा लिए और दाहिने हाथ से सिर के ऊपर का एक घड़ा सँभालती हुई वह मुर्गा बाँग देते ही उठती और नदी की ओर जल भरने चली जाती। वह कटकटाती सर्दी का अनुभव नहीं करती। करे भी तो कैसे? उसके पास एक पड़िया को छोड़ दूसरा कपड़ा भी तो नहीं।

वह जल भर लाती है नदी से। घर-आँगन, बुहारती गोबर फेंकती, बकरी के बच्चों को दुलारती, काली बकरी का काला 'पठरू' उसे बहुत प्यारा है। वह उसे बाएँ हाथ से छाती से चिपकाए काम करती है। कभी-कभी उसे लिए पहाड़ों पर चढ़ जाती है और उसे लिए ही कूदती-फाँदती उतरती है। उस समय सुमरी खूब अच्छी लगती है। सुमरी चूल्हा जलाती और अपने पिताजी के लिए 'कलवा' तैयार कर दो जोड़े बैल और बकरियों को लेकर वन की ओर चली जाती। जानवरों के भी तो पेट है न? वह पहाड़ों और तराईयों में उनके साथ-साथ विचरती। उन्हें नाम ले-ले कर पुकारती। जब वे सब भर पेट खा चुकते, तो काला पठरू को गोद लिए सुमरी सुंदर राग अलापती कोयल नदी के तीर आ जाती। उसकी सुरीली तान से पहाड़ और तराई गूँज उठते। आस-पास अन्य युवक-युवतियों की टोलियाँ भी अपने गाय-बैलों के साथ मंडरातीं, वे सब अपना-अपना राग उलापते। आसमान में एक तुमुल ध्वनि लहरा जाती।

जब बैल और बकरियाँ पानी पी चुकतीं, तो सुमरी एक बैल की पीठ पर बैठ जाती, हाँ, वह काला पठरू भी उसकी छाती से चिपका होता। वह हँसती-गाती अन्य युवक-युवतियों से बातचीत करती घर वापस चली जाती। घर पहुँच कर पिता को भोजन देती और स्वयं भोजन कर एक डलिया ले पास के वन में चली जाती। दो-चार सहेलियों भी उसके साथ होती। वे घूम-घूम कर वन की निस्तब्धता भंग करतीं, दतवन-पत्तियाँ तोड़ती और लकड़ी चुनकर शाम होते-होते घर लौट आतीं।

यही है सुमरी का जीवन। एक स्वस्थ, सरल और स्वच्छंद बालिका है वह। संसार की कृत्रिमता से दूर अति दूर। एक वन्य पुष्प है वह, बिल्कुल बर्ड्सवर्थ की 'लूसी ग्रे' की तरह। हाँ, अकेली तो थी नहीं फिर भी उस तारे की तरह सुंदर थी जो आसमान में चमकता हो। उसके बूढ़े पिता को उसके लिए बहुत अभिमान था। वह तंबाकू, फाँकते हुए गर्व से कहता, 'मोर सुमरी बिटी लखे नखे, कोनो गाँव के छोंड़ी। उ मोर बिटी निहीं, बेटा हेके।'

और एक दिन उसके पिता को बुखार आ गया। बुखार छूटने की कोई आशा दिखाई न दी। लाख जड़ी-बूटी, लेप, झाड़-फूँक का उपयोग किया गया। परंतु बुखार घटने का नाम न लेता। बैद्य जी ने कहा–'सुमरी, मोंय अब हाईर गेलों, तोर बाबा के नखे बचेक केर आशा मइंया। कोनो डॉक्टर के बोलाव बिटी। बोन पार बोलोक कर डॉक्टर आहे'।

सुमरी ने सुना तो सन्न हो गई। उसे काटो तो खून नहीं। पिता न रहे तो उसका कौन है संसार में? माँ तो जन्म देकर चल बसी थी। वह फफक-फफक

कर रोने लगी। परंतु पिता के लिए वह सब कुछ करेगी। वह कोयल नदी और गहन वन को पार कर डॉक्टर ले आएगी।

सुमरी तड़के उठ घर के काम से निवृत हुई। एक पोटली में चावल की कुछ रोटियाँ बाँधी और तुम्बा में पानी। फिर पिता को गाँव के वैद्य के हाथ सौंप ब्लाक के अस्पताल के लिए निकल पड़ी।

उसने कोयल नदी पार किया और वन में प्रवेश कर गई। पिता की चिंता ने उसके हृदय से सब डर-भय दूर कर दिया था। न उसे हिंसक पशुओं का डर था, न कँटीली झाड़ियों का और न क्रूर चट्टानों का। वह काँटों से उलझती चली जा रही थी। वह वन के छोर के करीब आ गई। उसे तसल्ली भी हुई कि अब अस्पताल निकट है। वह शीघ्र ही डॉक्टर को लेकर लौटेगी। उसके कदम द्रुत गति से बढ़ने लगे।

परंतु यह क्या? सामने से ये शहरी पोशाकधारी कौन आ रहे हैं? सुमरी घबराई, फिर भी आगे बढ़ती गई। वे शहरी पोशाकधारी भी उसकी ओर बढ़े चले आ रहे थे। उनके बीच अब केवल बीस-तीस फीट की दूरी थी। सुमरी भयभीत हिरणी की तरह एक कुंज में जा छिपी। शहरी पोशाक–धारियों ने जोर का ठहाका लगाया। सुमरी अब भय से काँपने लगी। वे बिल्कुल निकट आ गए। वे मतवाले हो रहे थे। वे लाल-लाल आँखें लिए सुमरी के निकट आए। सुमरी भागे तो कहाँ? उनकी वासनापूर्ण दृष्टि उस पर पड़ चुकी थी।

एक ने कहा–'कितनी जवान है' दूसरे ने–'और कितनी भोली।' तीसरे ने अपना हाथ कुंज के भीतर फैलाया और सुमरी को खींच बाहर निकाला।

सुमरी रोई, चीखी। गालियों की बौछार लगा दी–घोड़मुँहा, निछनाहा, पगैरढाहा आदि, परंतु उनके बल के सामने उसका कुछ न चलने लगा, तो साथ के कुल्हाड़े से एक दो पुरकस दे मारा। खून का फौव्वारा बह निकला। सुमरी मत्त हो गई। अंधाधुंध कुल्हाड़ी चलाने लगी और न जाने कब तक चलाती रही। और जब थक कर निढाल पड़ गई, तो देखा उसके सिवा वहाँ कोई नहीं था, वह पड़ी ही रही और उसके नथूने फड़कते ही रहे। साँस तेज चलती रही।

जब उसने दम लिया तो हठात् पिता याद आ गए। वह हड़बड़ा कर उठी और डॉक्टर को लेने के लिए डग भरने लगी। खरोंच से उसका सारा शरीर लहुलुहान हो गया था। रग-रग ढीले पड़ गए थे। फिर भी उसे जल्दी थी कि डॉक्टर को पकड़ ले, वर्ना पिता की क्या स्थिति होगी?

वह आँधी की तरह चलती जा रही थी कि हठात् एक मोटी छाया उसने देखी। पैर आप ही रूक गए, देखा एक बड़ी मूछोंवाला आदमी उसे घूरता हुआ

पीछा कर रहा है। कभी सुमरी के पाँव आगे बढ़ते, तो कभी ठिठक जाते, और इसी द्वंद्व में देर होती जा रही थी।

सुनसान डगर पर उस मूँछवाले व्यक्ति ने सुमरी को दबोच लिया। सुमरी छटपटा कर रह गई। रोई-चिल्लाई, पर सब व्यर्थ और जब वह होश में आई, तो उसने अपने को एक झाड़ी के किनारे पाया। सुमरी को अपने पर घृणा हो आई। सोचने लगी, यह कैसा जीवन है। काश, वन देवी मेरी सहायता करती और किसी विषधर को भेज देती और मैं निश्चित हो जाती। विषवाली बूटी पहचान में आ जाती, तब भी काम बन जाता, परंतु यह सब कुछ न हुआ और सुमरी ग्लानि से मरी जाती थी कि हठात् पिता की बीमारी याद आई और जाने किस रूप से वह उठी और अस्पताल की ओर बढ़ गई।

अस्पताल के ओसारे में पहुँच कर उसने दम लिया और हाँफती हुई डॉक्टर के बारे में पूछने लगी। उसकी विक्षिप्तता देख कर लोग द्रवित हुए और बतलाया कि डॉक्टर छुट्टी पर है।

हाय! भाग्य ने वहाँ भी उसका साथ न दिया। उसके सब कष्ट और परिश्रम मानो पानी में मिल गए। डॉक्टर साहब छुट्टी पर थे। उनकी जगह अभी कोई नया डॉक्टर नहीं आया था। सुमरी का हृदय चूर-चूर हो गया। डॉक्टर न ले जा सकूँगी। मेरे पिता जीवित न रह सकेंगे। यह सोच कर बिलख-बिलख कर रो पड़ी। अंत में निद्रा देवी ने अपनी गोद में उसे समेट लिया। वह अंधकार रूपी कंबल ओढ़ अस्पताल के बरामदे पर सो गई।

सुबह नींद खुली तो तुरंत उठी। अपनी तुंबा-पोटली ले घर का रास्ता पकड़ी। वह अपने पिता के लिए व्यग्र हो उठी। न जाने कैसे होंगे? वह सोचती हुई तेजी से कदम बढ़ा रही थी। वह चुरकी रास्ते से शीघ्रतिशीघ्र कोयल नदी तक पहुँच गई। उसने तुरंत नदी पार की और अपनी बस्ती पहुंच गई।

उसने अपनी झोपड़ी पर कदम रखा, परंतु, उसका सब कुछ छिन चुका था। घेरे के भीतर बस्ती के लोग मुँह लटकाए खड़े थे। सुमरी को देखते ही सब रो पड़े। सुमरी पछाड़ खाकर गिर पड़ी। वन के काँटे, क्रूर चट्टान, शरीर के खरोंच, पाँवों के फफोले और नर-पशुओं के अपमान ने भी उसके पिता को बचाने में साथ न दिया। कितनी अभागी थी वह।

सुमरी का संसार में अब कोई नहीं, वह बस्ती के लोगों के सहारे अकेले ही उस घर में रहने लगी। वह चुपचाप रहती। घर का काम सँभालती और अपने जीवन के दिन गिनती।

शीतकाल ने परिक्रमा की। बसंत आया उसने भी अपना रथ घुमाया। गर्मी

आई। सब जीव-जंतु, नदी-नद, ताल-तलैया, पेड़-पौधे, पुष्प आदि को सुखा कर वह भी चली गई।

और एक दिन बाजार के लोगों ने बस्ती के बुजुर्गों से कहा–'सुमरी पापिनी है, दुष्टा है, कुल कलंकिनी है।'

बुजुर्गों ने उससे बच्चे का नाम पूछा। सुमरी कहाँ से बताती। लूटेरों का नाम नहीं होता। जवाब नहीं मिलने पर बुजुर्गों ने उसके घर का पानी पीना भी छोड़ दिया।

सुमरी ने भी सोचा, ठीक ही तो है, मैं सब कुछ हूँ। पर मेरा क्या दोष? पेट में साँस ले रहे नए जीव का क्या दोष? लोग दिकू की तरह सोचने लगे हैं– 'मैं किसी को मुँह दिखाने के लायक नहीं और न मुझे जीना ही चाहिए।'

बरसात, उमड़-उमड़ कर आसमान में बादल छा गए, बिजली चमकी। मूसलाधार वर्षा...कोयल नदी लबालब भर गई। सुमरी ने सोचा कोयल माँ की गोद के सिवा अब संसार में कोई स्थान नहीं। वह उन्मत की भांति घर से निकली। वन के पुष्प तुल्य सुमरी। अकेले चमकते हुए तारे की नाई सुंदर और भोली सुमरी। वन में स्वछंद विचरने वाली स्वस्थ, सरल, हँसमुख सुमरी, आज कहाँ जा रही है। पगली की तरह?

वह कोयल के निकट पहुँच गई। उसका मन द्वंद्व से भरा था। एक ओर जीवन के बादल उमड़-घुमड़ रहे थे, तो दूसरी ओर तूफानी लहरें काल-सी लपक रही थी। मूसलाधार बारिश पेट पर पड़ती तो अंदर का जीव उसे पकड़ने को मचल जाता। सामने कोयल की तूफानी लहरें थी। उसके मन की तरह हाहाकार करती हुई।

(आदिवासी, 28 जनवरी 1965, वर्ष 18, अंक 51)

15 अगस्त, बिलचो और रामू

15 अगस्त, 1947। काली रात। आसमान काले बदलों से आच्छादित। हाथ को हाथ नहीं सूझता। जुगनू की चमक के सिवा और कोई चमक नहीं। हाँ, बीच-बीच में बिजली की पतली रेखा आकाश में खिंच जाती है। आस-पास नदी-नाले, ताल-तलैया और झरने आदि सब पानी से लबालब हैं। पहाड़ों के ऊपर से पानी गिरने की आवाज से हृदय में एक भय-सा उत्पन्न होता है।

बिलो एक टूटी झोपड़ी में कराह उठी। उसके पास कोई नहीं। वह सीलनभरी भूमि पर एक फटी चटाई के ऊपर अकेली पड़ी है। उसके चारों ओर सीलन और गोबर की गंध है। छप्पर से पानी चू-चू कर उसके शरीर और चटाई को भिंगो रहा है। उसके मतवाले पति को कुछ होश नहीं। वह रात बाहर बजे अखाड़े से नाच कर लौटा और बेसुध पड़ा है। बादलों का एक भीषण गर्जन हुआ। बिलो चीत्कार कर उठी, और उसी क्षण उसने अपनी कन्या बिलचो को जन्म दिया।

अभागी बिलो करे भी तो क्या? उसने नवजात शिशु को चिथड़ों में लपेटा और छाती से लगाए रखा।

भोर हुआ, तो वर्षा रुक चुकी थी। सूर्य को दो-एक पतली किरणें पेड़ों की पत्तियों से छन-छन कर उसकी झोपड़ी में प्रवेश कर रही थीं। बिलो को कुछ अच्छा लगा। उसने आँखें खोली। देखा अपनी गुड़िया को। कितनी भोली थी वह। उसने उसे चूमा और अपने स्तन से लगा लिया। फिर वह उठी और बच्ची को पीठ में बाँध घर की सफाई कर डाली।

दिन बीतते गए। बरसात के बाद शीत, शीत के बाद ग्रीष्म। फिर ऋतुएँ तीव्र गति से आने और जाने लगी। बिलचो ने भी आँखें खोलीं, मुस्कुराई फिर किलकारियाँ लेने लगी। बिलो फूली नहीं समाती उसे देख। उसका मातृ हृदय वात्सल्य से भर उठता। वह उसके हर सुख की चिंता करती। घर में जो कुछ थोड़ा-बहुत धान, गोंदली, मड़ुवा आदि होते उनका खूब हिफाजत करती। वर्षा और कटनी के दिनों में भूती (कृषि मजदूरी) भी करती और बिलो अपनी और अपने शराबी पति का भी पालन-पोषण करती।

वह बिलचो को पीठ में बाँध वन की ओर निकल जाती। वहाँ से कंद-मूल, फल-पत्तियाँ और साग तोड़ लाती। वर्षाकाल में रुगड़ा, खुखड़ी आदि बाँस के छाता की थैली में भर-भर कर लाती। कठिन जीवन था उसका; परंतु कठिनाई में भी उसे आनंद मिलता। वह अपने पसीने की कमाई खाती थी।

15 अगस्त, 1952। बिलचो अब पाँच साल की स्वस्थ कन्या है। साँवला रंग। गोल मुँह। काले-काले घुंघराले बाल कंधे तक लटकते हुए। कमर में करधनी के सिवा और कुछ नहीं। हाँ, करधनी के साथ दो-तीन घुँघरू कमर में लटकती हुई। जब वह इधर-उधर दौड़ती तो घुंघरू की आवाज रुन-झुन-रुन-झुन करती। उसे दौड़ते सुन उसकी बिल्ली भी उसके पीछे दौड़ती।

एक दिन उसकी माँ उसे बाजार ले गई तो उसने कहा–'ए आयो, मोंय तरपत पीन्धबों।'

बिलो ने तब उसका कान छिदवा दिया और उसे गुड़ खिलाया। फिर तो कानों में तरपत भी सुशेभित होने लगे।

गाँव की पाठशाला में बिलचो का नाम लिखवाया गया। वह रोज एक-दो साथियों के साथ बस्ता लेकर पाठशाला चली जाती। उसे पढ़ने में खूब मन लगता। समय की गति के साथ-साथ उसके मस्तिष्क की भी वृद्धि होने लगी। उसे बहुत कुछ का ज्ञान होने लगा। पाठशाला से निकल कर सीधे घर जाती। घर-आँगन बुहारती। सुबह तड़के उठ, कमर कस गोबर फेंकती, और अपने छोटे से घड़े को ले झरने की ओर जल भरने चली जाती। उसके द्वारा बिलो को कुछ आश्वासन हुआ। उसने सुख और संतोष की साँस ली।

बिलचो ने पाठशाला में झाड़ू, कुमनी, सूप, डलिया, चटाई, टेबल क्लाथ और रूमाल आदि बनाना सीखा। वह जंगल से खजूर की पत्तियाँ तोड़ घर के लिए

चटाई बनाती, झाड़-घास तोड़ झाड़ू बनाती और बाँस को चीर कर डलिया, टोकी और सूप आदि बना कर घर में उनका प्रयोग करती। बिलचो होनहार बालिका थी।

उसी पाठशाला में गाँव के बनिया का एकमात्र पुत्र राम भी पढ़ता था। वह बिलचो से तीन चार साल बड़ा होगा। रंग गोरा। छरहरा बदन। नटखट, परंतु बिलचों से उसकी खूब पटती।

वे दोनों समय निकाल कर दूर चले जाते और नदी की तराई में खूब दौड़ लगाते। कभी-कभी पहाड़ों पर चढ़, दौड़ते हुए उतरते। बिलचो ने रामू को बहुत-सारे गीत सिखा दिये थे। वे एक साथ गाते–

कहाँ से आवय कंस बगुला,
बन लोरे बाँस बैसे के डेना फहराय;
पुरबे से आवय कंस बगुला,
पछिमे से आवय लोरे बाँस बैसे के डेना फहराय।'

उनके गीत से पहाड़ की तराई और वन गूँज उठते।

रामू कहता–'बिलचो, हम लोग खूब पढ़ेंगे।'

बिलचो कहती–हाँ, रामू, खूब पढ़ेंगे, खूब लिखेंगे और देश-सेवा करेंगे।' फिर वे दोनों कूदते-फाँदते, पाठशाला की ओर निकल जाते।

मंगरू इन्हें देख खूब जलता सोचता–'बिलचो रामू के संग क्यों खेलती है? मैं उसके साथ खेलना चाहता हूँ; पर मेरे साथ नहीं खेलती। मैं रामू को खूब पीटूँगा एक दिन।'

वह बिलचो के लिए दोना भर-भर कर पियार, पिठौर और केंद लाता। कहता–'खा बिलचो, तोर लागिन लाईन हों। खोब मीठा आहे।'

बिलचो उन्हें खाती। कुछ देर वह मंगरू के संग भी खेलती; परंतु तुरंत रामू की ओर दौड़ चली जाती। मंगरू उनका साथ नहीं देता।

बिलचो सब को प्यारी है। पाठशाला के शिक्षक, शिक्षिकागण सब उसे मानते हैं। वह अपनी सहेलियों से लड़ती-झगड़ती, फिर मेल कर लेती। मिडिल की परीक्षा में पहले दर्जे में उत्तीर्ण हुई।

15 अगस्त, 1959। बिलचो बारह-तेरह की एक अल्हड़ बालिका है। चंचल आँखे। हँसमुख चेहरा। अब वह पड़िया पहनती है। गले में पोत की मालाएँ शोभती हैं। हाथों में चूड़ियाँ। कान में लाल तरपत। अब वह रामू से मिलने में हिचकिचाती है। रामू भी अब ठिठकता है। अब तो सिर्फ मुस्कुरा कर ही रह जाना पड़ता है।

रामू शहर के हाई स्कूल में पढ़ता है। छुट्टियों में ही गाँव आता है। उस समय बिलचो के घर जा अवश्य उससे मिल लेता है।

एक बार रामू दूर्गा पूजा की छुट्टियों में गाँव आया, तो अचानक झरने के पास बिलचो से मुलाकात हो गई। वह पानी भर कर आ रही थी। रामू को देख उसके पैर लड़खड़ाए। उसका घड़ा अब गिरे तब गिरे-सा हो गया। वह रुक गई और जमीन की ओर देखने लगी।

रामू ने कहा–'बिलचो भूल गई, तुमने कहा था खूब पढ़ेंगे, खूब लिखेंगे और देश-सेवा करेंगे। तुम शहर क्यों नहीं आती पढ़ने के लिए। तुम्हें तो छात्रवृति मिलेगी ही?'

बिलचो ने कहा–'नहीं जाने देती मुझे। कहती है अब तुम बड़ी हो गई। शादी होगी तेरी।'

रामू ने सुना तो उसके पैर के नीचे की धरती खिसक गई। कहा–'तेरी शादी होगी?' किससे?'

उसने कहा–'मंगरू से! सब कुछ ठीक हो चुका है।'

रामू को काटो तो खून नहीं। सन्न हो गया उसका शरीर। बिलचो की आँखें बहने लगी। 'रामू, तुम्हारी भी शादी हो जायेगी। दुःख न करो। मैं तुम्हारे लायक भी नहीं। तुम्हें तो तुम्हारी तरह ही गोरी नारी मिलनी चाहिए। मैं कहाँ और तुम कहाँ?'

रामू ने कहा–'तुम नहीं जानती बिलचो, बचपन के साथी भुलाए नहीं जाते और त्वचा में प्रेम का माप नहीं होता। तुम्हीं बताओ क्या तुम मुझे इसलिए चाहती हो कि मेरा रंग गोरा है?'

बिलचो ने कहा–'नहीं रामू, तुम्हें मैं अंदर से चाहती हूँ; परंतु हमारा समाज अलग-अलग है। हमारा मिलन कभी किसी को मंजूर न होगा।'

रामू ने कहा–'बिलचो, दुनिया बदलती है और उसके साथ-साथ समाज को भी बदलना पड़ता है। अगर हम पढ़े-लिखे ही कदम न उठाएँगे तो सुधार कैसे

होगा। हमें तो एक विश्व समाज की स्थापना करनी चाहिए। बोलो बिलचो, साथ दोगी? तुमने कहा था कि देश-सेवा करेंगे? शहर चलो। आगे बढ़ो। मस्तिष्क की वृद्धि करो। रुढ़िवादियों को दूर करो। चलो बिलचो, हम कंधे से कंधा मिलाकर विश्व कल्याण की ओर अग्रसर हो जाएँ। भारत माँ भी तो यही चाहती है। हमारे प्यारे बापू, वीर जवाहर, सबों की तो यही कामना थी।'

बिलचो ने रामू की बातें सुनीं, तो गंभीर हो उठी। सोचती रह गई कुछ क्षण। जब उसने आँखें ऊपर उठाई तो उन आँखों में दृढ़ता थी।

उसने रामू को बिना देखे ही कहा–'सच कहते हो रामू, मुझे शिक्षा में अवश्य आगे बढ़ना चाहिए। अगर ऐसा न हो, तो हम और हमारा ग्राम कभी आगे नहीं बढ़ सकेगा। हमें एक-एक को शिक्षित बनाना है। देखते नहीं, शहर के महाजन और दूकानदार हम भोले अनपढ़ों को कितना ठग देते हैं। वे हमारी अशिक्षा का ही पूरा फायदा उठाते हैं। क्या हम ऐसे ही ठगाते रहेंगे? रामू, मैं अवश्य आगे पढ़ूँगी और इसी स्कूल की प्रधानाध्यापिका बनूँगी।'

रामू की आँखों में आनन्दाश्रु उमड़ आए। सोचने लगा–'परंतु क्या तब भी बिलचो मेरी हो सकती है?'

अब बिलचो शहर के हायर सेकेंडरी स्कूल में पढ़ती है। उसे पढ़ने में लगन और आनन्द है। उसे छात्रवृति मिलती है। पैसों को दिक्कत नहीं। शिक्षिकागण उससे बहुत प्रसन्न हैं। वह प्रत्येक साल उत्तीर्ण होती जा रही है।

15 अगस्त, 1964। बिलचो एक सुशील, आकर्षित नवयुवती है। अब वह पड़िया नहीं पहनती। सफेद पाड़दार साड़ी एड़ी तक पहनती है। तिरछा जूड़ा नहीं एक लम्बी चोटी झूलती है। अपनी संस्कृति से उसे अभी भी प्यार है। जतरा, करमा, सरहुल में सदा भाग लेती है। हाँ, अपने घर और गाँव के लोग अधिक दारु-हड़िया पी मतवाले हो जाते, तो उसे बहुत दुःख होता है। वह उन्हें समझाने की कोशिश करती है। परंतु वह इसमें अधिक सफल नहीं होती। भला पास में शराब की दूकान हो तो कोई पीनेवाला पीने से चूक सकता है?

रामू अब कॉलेज का विद्यार्थी है। हृष्ट-पुष्ट गोरा। अंग-अंग में दृढ़ता और उत्साह झलकता। देश प्रेम की भावना से परिपूर्ण है उसका दिल। वह देश-सेवा करेगा। यही उसका दृढ़ संकल्प है।

बिलचो से भेंट हुई, तो उसने कहा–'बिलचो मैं सेना में भरती होने जा रहा

हूँ। मेरी समझ में इससे बढ़कर देश-सेवा का और कोई मार्ग नहीं हम पुरुषों के लिए। देश के लिए मर-मिटना चाहता हूँ। बिलचो तुम भी कुछ बोलो।'

बिलचो अचानक यह निर्णय सुन काँप सी उठी। परंतु कुछ क्षण की गंभीरता के पश्चात् उसने कहा–'तुम्हारा निर्णय ठीक है रामू। मैं खुश हूँ। हम दोनों की यही तो इच्छा थी। रामू, तुम अवश्य जाओ। मैं भी अपने ग्राम-वासियों की सेवा में जीवन-यापन करूँगी। तुम्हारी याद सदा...'

इससे आगे बिलचो से और कुछ कहा न गया। उसकी आँखों में आँसू की धारा बह चली।

रामू का भी गला भर गया। उसने बिलचो का हाथ अपने हाथों में ले लिया और कहा–'हम बचपन के साथी हैं बिलचो। एक दूसरे को पहचानते हैं। हमारी आत्माएँ एक हैं, हम साफ हैं। अब और चाहिए ही क्या? संसार के अपने तौर-तरीके हैं। उनके सामने अब तब सिर न झुकाना कुछ कठिन ही है। इसलिए सेवा-धर्म को ही सब से बड़ा धर्म समझो बिलचो। मुझे तुम पर विश्वास है, रहेगा। अपने आँसुओं से मेरा हृदय दुर्बल न करो। मेरी बस यही माँग है।'

बिलचों ने आँसू पोंछ कर कहा–'तुम अवश्य जाओ रामू। मेरे आँसू कहाँ? मैं तो मुस्कुरा रही हूँ। कितनी खुश हूँ। 15 अगस्त के पुनीत दिवस पर तुम्हारा यह संकल्प। कितने अच्छे हो तुम। मुझे तुम्हारे ऊपर घमंड है। ऐसे ही सुपुत्रों से तो देश का उद्धार होगा। जाओ रामू, जाओ, परंतु मेरा विश्वास लेकर। मैं भी तुम्हारी तरह देश-सेवा में लग जाऊँगी। मेरे लिए भी बस यही मार्ग है, रामू। तुम रण-क्षेत्र में ओर मैं ग्राम-क्षेत्र में। हम दोनों कितने भाग्यवान हैं।'

दोनों की आँखों में आँसू और होठों पर मुस्कुराहट झलक रही थी। ऊपर समस्त वातावरण में जन, गण, मन अधिनायक की स्वर-लहर प्रतिध्वनित हो रही थी।

(आदिवासी, 12 अगस्त 1965, वर्ष 19, अंक 27-28)

धरती लहरायेगी...झालो नाचेगी...गायेगी

सायंकाल--आकाश रक्त-रंजित है। नदी की तराई, वन और पहाड़ों की घटियों पर सर्वत्र लालिमा छा गई है। ग्रामीण बालक-बालिका वृन्द अपने-अपने बैल और बकरियों को हाँकते हुए पहाड़ के नीचे उतर रहा है। उन सबके चेहरे क्लांत, किन्तु सूर्य की लालिमा से लाल अत्यंत सुहावने लग रहे हैं।

इन बाल-बालाओं के मध्य एक है झालो। खूब छैल-छबीली। उसके कानों में तरपत, हाथों में कंगना, गले में पोत की की मालाएँ और दाहिनी ओर कान के ऊपर जूड़ा। उसमें रंग-बिरंगे फूल। घुटनों तक लाल पड़िया साड़ी। वक्षस्थल में उसी का आँचल। पुष्ट भुजाएँ, साँवला रंग और सुगठित शरीर। खूब भली लग रही है जैसे वन देवी हो। बाएँ हाथ में बकरी का एक बच्चा समेटे और दाहिने में एक सोंटा लिए वह दौड़ती-हाँफती पहाड़ से उतर रही है। वह रह-रहकर पुकारती 'ओ मंगरी...ओ कबरी...ऐ झबरी'...और कुछ गाती, कुछ गुनगुनाती थिरकती हुई उतरती जाती। उधर पास की पहाड़ियों पर से बंशी की सुरीली धुन सुनाई पड़ती। झालो रुक कर उस पर कान लगाती।

नीचे पहाड़ की तलहटी पर टेढ़ी-मेढ़ी इठलाती नदी की एक धार। उसमें पानी की अपेक्षा चट्टान ही अधिक है। चट्टानों के इर्द-गिर्द कुछ छिछला पानी है। चुआँ बना-बनाकर वहाँ पानी जमा किया गया है जैसे। पक्षी जल पी-पी कर अपने घोंसले में वापस जा रहे हैं।

झालो एक चट्टान पर बैठ गई। उसका मुखमंडल मुर्झा गया है। आँखें धँस गई हैं और कपोल में स्वेद की बूँदें झलक रही हैं। उसने अपने जूड़े से फूल निकाल कर नदी की बालू में फेंक दिया। उसकी सखी झरियो भी उसके पास आकर बैठ गई।

झालो ने डबडबाई आँखों से कहा–'ने झरियो, नदी में तो कटिको पानी नखे। गाय, गरु छगरी मन का के पीबैं!'

झरियो ने कहा–हाँ संगी झालो, ठीके बात आहे। गरु-डांगर लईहों पीएक पानी मिलत नखे।'

गाँव के महाजन के बेटे ने उनकी बातचीत सुनी तो निकट आकर खड़ा हो गया। कहा–'सब जगह तो ऐसी ही बात है झालो दीदी! न कुआँ में पानी, न चुआँ में, न नदी-नाले में और न झरने में ही। अब तो प्यास बुझाने के लिए जल तक मिलना कठिन होता जा रहा है। हाय भगवान! कैसा न्याय है तुम्हारा?'

झालो ने कहा–'ननकु भइया, रऊरे ठीक कहली। भगवानहें हमरेमन के छोइड़ दे आहैं। निहि तो भला नदी-नाला केर पानी का भेवी?'

झरियो ने कहा–'देख नी ननकु, बाला के खोईड़-खोईड़ के पानी निकलात हैं छउआमन, तब चइल के गाय-गरु पीयत आहैं।'

झालो सिसक कर कहने लगी–'बोन केर घासो-पातहों सूईख जाय आहे। घर में पोरा-भूसी हों नखे। का खाबैं गरु-डांगर।'

तीनों की आँखों में आँसू के मोती तैरने लगे।

इतने में जेरकु, करमा, बुधवा और मंगरा आदि गाँव के कई युवक वहाँ आ गए। जेरकु और करमा ब्लॉक के विद्यालय में पढ़ते थे। जेरकु ने इन तीनों को उदास देखा तो बड़ा दुखी हुआ। वह झालो के पास बैठ गया। झालो सिसकने लगी।

जेरकु ने कहा–'जीव के छोट नी कर झालो। सोब ठन भुखमरी आहे। आदमी और गाय-गरु सोब भुखे आहैं।'

ननकु ने सुना तो कहने लगा–हं झालो मेरे पिताजी भी ऐसा ही कह रहे थे। कह रहे थे कि स्वराज को बीस साल हो गए। भारत ने चीन की और पाकिस्तान की लड़ाई भी देखी और अब रहे भूख और अकाल देखेक। हाय भारत माता! गुलामी की बेड़ी टूटी भी तो क्या भूख और अकाल ही बदा था तेरे भाग्य में! पिताजी यह भी कहते थे कि अब भूख और अकाल अवश्य दूर हो जायेंगे।'

झालो ने सिसकते हुए कहा–'से तो दूर होई ननकु भइया, मगर बरखा होई तब नी। परसाल देखली नी कि बरख नहीं केर चलते खेत डांड़ सुईख गेलक।'

ननकु ने कहा–'ठीक कहती झालो दीदी। मगर, तुरत नई सरकार जागरूक हो गई है। देखा न, कुएँ वगैरह खुदवाए जा रहे हैं। जल का प्रबंध होगा।'

झालो ने कहा–'मगर बरखा होई तभे नी ननकु भाई कुआँ में पानी भेटाई।'

ननकु ने कहा–'ठीक कहा तुमने झालो दीदी। भगवान अवश्य वर्षा देंगे।'

जेरकु ने सुना, तो उछल पड़ा। कहा–'तो चला सोबमन बरखा बोलायक लई, गीत गावब।'

सब गाने लगे–

कहाँ से आवे, चरकी बदरिया हो नैन नारे
भला बरसो ये बुँदिया हो नैन नारे।
पूरबा से आवे चरकी बदरिया हो नैन नारे
भला बरसो ये बुँदिया हो नैन नारे।

उनके गीत से तराई गूँज उठी। झालो ने कान बंद कर लिए। कहा–'नी गाव जेरकु, नी गाव, मोर छाती फाइट जात हे। खाय ले खुद्दी नखे। भूख से पेट सईट जात आहे। घर-घर छउवा-पुता भूखे छटपटात आहैं। और इ गीत नी गावा ई गीत। मोके नखे सुनेक के ईसन गीत।'

जेरकु ने कहा–'इसन नी कहेक झालो। नाचले-गाले जीव केर दुख बिसराय जायला। अउर हमरेमन तो नाचेक-गावेक लेगिन जनमें लेई ही। जहाँ गीत-गान नीहीं हुवाँ कोनो सुख नीहीं।'

झालो ने कहा–'अच्छा ई बात हय। तो से दिन अखड़ा में का लई नी आले? बोल भूखे पटिया में सुतल रहले कि नीहीं।'

जेरकु ने कहा–'ठीक कहले झालो, मगर गीत तो जरूल गायके होई। दुख भूख के गीत बड़ा मीठा लागेल झालो।'

झालो ने तमक कर कहा–'रहेक दे तोर मीठा गीत। मोंय नी गाबों।'

ननकु ने सुना तो कहा–'झालो दीदी, जेरकु भाई ठीक कह रहे हैं। दुखभरे गीत बड़े मधुर होते हैं सुनने में। परंतु जेरकु भाई को यह भी जानना चाहिए कि दुख के मधुर गीत गाते रहने से तो पेट नहीं भरेगा और सचमुच भूखा पेट से कोई दर्द भरा गीत भी कबतक गा सकेगा? जेरकु भाई, भूख मिटनी चाहिए पहले तब गीत, नाच और नगाड़े सुहावने लगेंगे। भूखे पेट नहीं।'

जेरकु ने कहा–'ननकु भाई, दुख-सुख तो लगे ही रहते हैं। दुख अवश्य दूर होगा। होगा ननकु भाई। पर साल वर्षा नहीं हुई, इन साल वर्षा होगी। उपज होगी। धान होगा। हम दुख नहीं सहेंगे। प्यासे नहीं रहेंगे।'

ननकु ने कहा–'भगवान करे ऐसा ही हो।'

अब तक सब जानवर पानी पी चुके थे। उन्हें हाँकते हुए सबने अपने घर की राह ली। कोई काड़ा की पीठ पर बैठकर कुछ गुनगुनाता और कोई चुपचाप मुँह लटकाये चला जा रहा था। झालो जेरकु के साथ एक काड़ा की पीठ पर बैठ कर जा रही थी।

रात्रि! चहुँओर सन्नाटा। निद्रा देवी ने भूख-पीड़ित, बाल, वृद्ध, युवक और युवतियों को अपनी गोद में समेट लिया।

सुबह। सूर्य की किरण वन के पेड़ों की पत्तियों से छन-छन कर फूस की झोपड़ियों में प्रवेश कर रही थी। इस ममतामयी किरण ने अपनी स्वच्छ उंगलियों से छू-छू कर सब भोले-भाले भूखे ग्रामीणों की जगा दिया।

ननकु ने जेरकु से जाकर कहा–'जेरकु भाई ब्लॉक के नजदीक वाले गाँव में आज खाना बंट रहा है।'

जेरकु ने घबरा कर कहा–'खाना बंट रहा है? कैसा खाना?'

ननकु ने कहा–'खाने का, पेट भरने का, दूध, खिचड़ी। वाह! क्या कहने। मैंने लोगों को खाते देखा तो मुँह में पानी आ गया।'

जरकु–'कौन दयालु इस अकाल में भोजन बाँट रहा है ननकु?'

ननकु ने छूटते ही उत्तर दिया–'बाँट तो रहे हैं, हमारे ही लोग, लेकिन सुनते हैं कि सरकार की तरफ से इंतजाम है, शहर के लोग भी हैं, बड़ी-बड़ी संस्था की ओर से इंतजाम है। विदेशी लोगों की तरफ से भी इंतजाम है।'

ननकु–'हाँ, तो देर क्यों, चलो सब मिल कर चलें।'

कहने की देर थी और मंगरा, बुधवा, बिरसा, करमा, झालो, झरियो, बुटी, सलमी, चरकी, करिको, सुकरी, आदि सब इकट्ठे हो गये और सब ने उस गाँव की राह ली। सचमुच महीनों के बाद उन्होंने भर पेट भोजन किया।

शाम होते-न होते सब अपने गाँव लौट आये। आज सब खुश थे। भर पेट खाया था उन्होंने। जेरकु ने कहा–'आज नगाड़े पर चोट पड़ेगी। आकाश गूँज उठेगा।'

रात के करीब आठ बजे हैं। युवक-युवतियों का समूह अखाड़े में इकट्ठा है। इमली का पेड़ आज मानो अपना सौभाग्य समझ रहा है। अचानक नगाड़े पर चोट पड़ी। युवतियों ने एक दूसरे की कमर में हाथ डाल दिए। गीत भी गुनगुनाने लगीं। धीरे-धीरे कदम उठने लगे। वे थिरकने लगीं। युवक वृन्द ने ढोल, माँदर, नगाड़ा और झाँझ बजाना आरंभ कर दिया। आज जेरकु बहुत खुश था। वह झालो के सामने लाल रूमाल हिला-हिला कर नाच रहा था।

ननकु ने मन ही मन कहा–'पेट की ज्वाला भी क्या चीज है। आज कुछ शांत हुई तो संगीत फूट पड़ा, पैर थिरक उठे। सच, मनुष्य भूखा न रहे तो जीवन संगीतमय हो जाय।'

नाच समाप्त हुआ। सब ने घर की राह ली। परंतु झालो उदास पेड़ के नीचे बैठी रही। जेरकु ने कहा–'का भेलक झालो?'

झालो ने कहा–'ई नाच, ई गीत मोके पसईन्द नखे।'

जेरकु ने कहा–'कालई झालो'?

झालो चुप। ननकु ने देखा तो कहा–'मुझे मालूम है ये गीत और नाच झालो को क्यों अच्छा न लगा।' झालो सोचती है इस भूख पीड़ित धरती में नाच-गान क्यों? झालो सोचती है इस भूख पीड़ित धरती में नाच-गान क्यों? पहले भूख दूर हो। झालो ठीक कहती है। आज खाना मिला, कल मिलेगा...परसों...नरसों...एक महीना...दो महीना...फिर? और हमारे जानवरों के लिए भी चारा-पानी का इंतजाम। सरकार ने लाल कार्ड का इंतजाम किया है। जिससे मुफ्त अनाज मिल रहा है। हफ्तावारी खर्च भी दिया है जो लाचार है उनको। जो काम करने लायक है उनको मेहनत-मजदूरी भेंट करा कर पैसे दे रही है–बाँध, पोखर, आहर, सड़क सबका काम हो रहा है...और क्या चाहिए। नयी सरकार जीए।'

जेरकु ने कहा–'सब ठीक रहेगा ननकु। खाना मिलता रहेगा, अनाज बँट ही रहे हैं और तब तक तो दूसरी फसल हो ही जायगी। का झालो 'अब हंईस दे'।'

परंतु झालो चुप।

जेरकु ने तब कहा–'झालो परसों, फिर नाच और गीत होवी रे।'

झालो चुप।

जेरकु ने कहा–'तो कोन दिन नाच होई झालो?'

झालो फिर चुप।

ननकु ने कहा–'मैं जानता हूँ झालो कब गायेगी और नाचेगी। जिस दिन भूख मिट जायगी–जिस दिन हमारी धरती धान के पके बालों से लहरायेगी–उस दिन झालो नाचेगी और गायेगी। उस दिन उसकी स्वर-लहरी हवा में लहरायगी–वह पहाड़ों से टकरा कर आकाश में गूँज उठेगा–सब के हृदय झंकृत हो उठेंगे, सब नाच उठेंगे तब–धरती थिरक उठेगी। और इसके लिए हम जी-जान एक कर देंगे कि धरती लहरा उठे। खेत-मुस्कुरा उठें, अनाज बलबला उठें। हम मिहनत करेंगे–सरकार हमें मदद दे ही रही है। क्यों झालो, अब तो खुश हो न यह सुनकर? क्यों झालो, तब नाचोगी न, गाओगी न?'

झालो ने मुस्कुराते हुए जेरकु और ननकु को देखा और सिर हिला दिया।

(आदिवासी, 17 अगस्त 1967, वर्ष 22, अंक 29)

एलिस एक्का की अनुवादित रचनाएँ

गुलामी

खलील जिब्रान

मनुष्य अपने जीवन का गुलाम है। गुलामी उसके दिनों को दुख और शोक से भर देती है। गुलामी उसकी रातों को आँसुओं और आहों से ढक देती है।

मेरे पूर्व जन्म से लेकर आज तक सात सहस्त्र वर्ष व्यतीत हो गए। उसी दिन से मैं जिन्दगी के गुलामों को देख रहा हूँ, अपनी बोझिल शृंखलाओं को खींचते हुए।

मैंने पूर्व से पश्चिम तक संसार का भ्रमण किया है। जीवन के अंधेरे और उजियाले में भटकता फिरा हूँ। मैंने सभ्यता के जलूसों को उजियाले से अन्धियारे की ओर जाते हुए देखा। वहाँ का हरएक नरक में ढकेला जा रहा था–उन पीड़ित और लज्जित आत्माओं के द्वारा, जो गुलामी के जुओं के नीचे झुकी हुई थी। देखा कि बलवानों को साँकलों से बांधकर अधीन कर लिया गया है, विश्वास करनेवाले घुटनों के बल झुके हुए हैं और प्रतिमाओं की उपासना कर रहे हैं।

मैंने बैबिलोन से कैरो और आरन्दोर से बगदाद तक मानव का पीछा किया। उनके साँकलों के चिन्ह को मैंने बालू पर अंकित देखा। असीम मरु उद्यानों और तराइयों में मैंने बार-बार बदलते हुए जमाने की आवाज सुनी।

मैंने मंदिरों का दर्शन किया और वेदियों को देखा। मैंने महलों में प्रवेश किया। मैं राजसिहासनों पर बैठा। मैंने शिक्षार्थी को कारीगर के लिए, कारीगर को मालिक के लिए, मालिक को योद्धा के लिए, योद्धा को गवर्नर के लिए और पुरोहित को मूर्ति के लिए गुलामी करते हुए देखा। और मूर्ति कुछ भी नही; शैतान की बनाई हुई झोपड़ियों के टीले पर खड़ी की गई निरी मिट्टी है।

मैंने धनवानों के प्रासाद में प्रवेश किया। मैंने गरीबों की झोपड़ियाँ देखीं। नवजात शिशु को मैंने गुलामी का दूध पीते हुए देखा। मैंने वर्णमाला के द्वारा बच्चों को गुलामी सीखते हुए देखा।

युवतियाँ निर्दयता और पराधीनता के वस्त्र पहनती हैं। गृहिणी आँखों में आँसू भरकर सो जाती है बंधन और आज्ञा पालन के बिछावन पर।

कांगो नदी के किनारे से लेकर यूफ्रेंटिस के उद्‌गम स्थान तक, नील नदी से लेकर असीरिया के मैदानों तक, एथेन्स के रंगमंचों से लेकर रोम के गिरजाघरों तक और कुस्तुतुनिया के गरीबखानों से लेकर इस्कंदरिया के राजमहलों तक मैंने अज्ञान के राजसी जलूस के साथ हर जगह गुलामी को घूमते हुए देखा। मैंने मानव को मूर्ति के चरणों पर युवक-युवतियों को बलिदान करते हुए देखा। मूर्ति को भगवान कहकर मैंने उसके चरणों पर सुगंधित तेल और शराब ढालते हुए देखा। उसे रानी कहकर, उसे भविष्यवक्ता कहकर मैंने उसके सामने अगरू जलते हुए देखा, उसे कानून कहकर उसके सामने दंडवत करते हुए देखा। मूर्ति के लिए मैंने मानव को लड़ते और मर मिटते देखा, उसे स्वदेशप्रेम कहकर। उसे पृथ्वी पर ईश्वर का प्रतिनिधि समझकर मैंने मानव को मूर्ति की इच्छा के अधीन देखा। उसे बन्धुत्व कहकर उसके लिए मैंने मानव को घरों और संस्थाओं को गिराते और बरबाद करते हुए देखा। उसे भाग्य और सुख समझकर मैंने उसके लिए चोरी और मिहनत और काम करते हुए देखा। उसके लिए किसी की हत्या करके उसे एकता की उपाधि देते हुए देखा।

गुलामी के कई नाम हैं। उनमें केवल एक सत्य हैं उसके कई रूप है; परन्तु वह एक ही तत्व से निर्मित है। सत्य तो यह है कि वह एक अनन्त परपीड़न है जो पीढ़ियों से चली आ रही है।

मैंने अंधी गुलामी देखी जो मानव के वर्त्तमान को उसके पूर्वजों के भूत से बाँध देती है। वह उन्हें उनकी परम्परा रीति-रिवाजों के अधीन कर देती है; मानों पुरानी आत्माएँ नए शरीरों में रख दी गई हों।

मैंने गूँगी गुलामी देखी जो किसी पुरुष के जीवन को ऐसी स्त्री से बाँध देता है जिससे वह घृणा करता है। किसी नारी के शरीर को एक ऐसे पति के बिस्तर पर सुला देती है जिससे वह घृणा करती है। इस प्रकार दोनों की आध्यात्मिक मृत्यु हो जाती है।

मैंने बहरी गुलामी देखी जो आत्मा और हृदय को कठोर बना देती है, जो मानव को किसी रिक्त अन्तर्ध्वनि और किसी वस्तु को दयनीय छाया बना देती है।

मैंने लँगड़ी गुलामी देखी। वह मानव को किसी बर्बर की छत्रछाया में डाल देती है। वह शक्तिशाली शरीरों और कमजोर दिमागों को लोभ के पुत्रों के अधीन कर देती है कि वे उन्हें अपनी ताकत के हथियार बना लें।

मैंने कुरूप गुलामी देखी। वह खुले आसमान से होकर शिशु की आत्माओं के साथ शोक के घरों में आती है, जहाँ जरूरतें अज्ञान के साथ रहती हैं और आत्मग्लानि निराशा के साथ। वहाँ बच्चे बेचारों की तरह बढ़ते, हत्यारों की तरह जीते और घृणित तथा ठुकराये हुओं की तरह मर जाते हैं। जिनका कोई अस्तित्व ही नहीं।

मैंने धूर्त गुलामी देखी। जो दूसरों की वस्तु को अपने नाम कर लेती है। वह धूर्त्तता को होशियारी, कमजोरी को नज़ाकत और कायरता को अस्वीकार बतलाती है।

मैंने टेढ़ी गुलामी देखी। वह निर्बलों के प्राण को भय से कँपाती है और उन्हें अपनी भावनाओं के विरुद्ध बोलने को बाध्य करती है। वे अपने दुर्भाग्य पर विचार करते हैं; परन्तु एक खाली बोरे की तरह हो जाते हैं जिसे एक बच्चा भी तहियाकर टाँग सकता है।

मैंने कुबड़ी गुलामी देखी। वह एक जाति को दूसरी जाति के कानूनों और नियमों का पालन करने के लिए बाध्य करती है। ऐसा झुकाव दिन-दिन बढ़ता ही जा रहा है।

मैंने चिरस्थायी गुलामी देखी। वह राजा के बेटों के सिर पर मुकुट रखकर उन्हें राजा बनाती हैं, परन्तु योग्यता पर विचार नहीं करती।

मैंने काली गुलामी देखी, जो सदा के लिए हत्यारों के निर्दोष बच्चों पर लज्जा और बदनामी का चिन्ह लगा देती है।

गुलामी पर विचार किया जाय, तो लगेगा कि उसके पास एक ऐसी दुःशक्ति है जो सम्पर्क में आनेवालों पर छूत की बीमारी की तरह असर डालती चली जाती है।

जब मैं जमाने का पीछा करता-करता, थक गया और पददलित मानव की पंक्तियों को देखता-देखता अधीर हो गया, तब मैं जिन्दगी की छाया की तराई में अकेला घूमने लगा। वहाँ भूतकाल अपने गुनाहों को छिपाने की कोशिश करता था और वहाँ भविष्यकाल की आत्मा सुस्ताती और देर तक विश्राम करती थी। वहाँ, जहाँ खून की नदियाँ बहती हैं और नदियों के छोर पर जहाँ के जहरीले साँप की तरह घूम चली है और एक हत्यारे के स्वप्न की तरह ढेढ़ी हो गई हैं, मैंने वहाँ गुलामों की मृत आत्माओं की फुसफुसाहट सुनी...और शून्य की ओर एकटक देखने लगा।

आधी रात का समय। अदृश्य स्थानों से आत्माएँ निकलने लगीं। वहाँ मैंने एक भीषण दृश्य देखा। देखा कि वह घुटनों के बल गिरी, चाँद की ओर टकटकी लगाये हुए। मैं उसके निकट गया। पूछा–तुम्हारा नाम क्या है?

एक लाश की क्लांत काया ने जवाब दिया–मेरा नाम मुक्ति है।

मैंने पूछा–तुम्हारे बच्चे कहाँ हैं?

आँसुओं से भरी हुई निर्बल मुक्ति की देवी हाँफने लगी। कहा–एक को क्रूस पर चढ़ा दिया गया, दूसरा पागल होकर मर गया और तीसरा अभी तक गर्भ में ही है।

वह लँगड़ाती हुई चली जा रही थी और कुछ कहती जाती थी; परन्तु मेरी आँखों के आँसू और मरे हृदय के हाहाकार ने मेरी आँखों और कानों को बंद कर दिया।

(आदिवासी, अगस्त विशेषांक 195?)

तूफान

खलील जिब्रान

जब युसुफ-अल्-फ़ख्री तीस साल का था उसी समय से वह समाज से अलग विरागी होकर उत्तरी लेबनान के कदीशा की तराई के पास एक सूनी कुटिया में आकर रहने लगा था। आस-पास के गाँवों में उसके बारे में अजीब-अजीब अफवाहें उठती थीं। कोई कहता था कि वह एक धनवान और कुलीन परिवार का था; परन्तु इसने एक नारी से प्रेम करके धोखा खाया और एकान्त में जीवन व्यतीत करने के लिए बाध्य हो गया। दूसरे कहते थे कि वह कवि है। नगर की चहल-पहल को उसने इसलिए छोड़ दिया कि सूनसान में जाकर वह अपने बिखरे विचारों को एकत्र करेगा और उन्हें अपनी कविताओं के रूप में ढालेगा। बहुत से लोग निश्चिन्त थे कि वह एक रहस्यवादी है जिसे आध्यात्मिक-जगत में ही लीन रहने में सन्तोष मिलता है। फिर भी अधिकांश लोगों का कहना था कि वह सनकी है। जहाँ तक मेरा अपना सवाल है, मैं उसके बारे में कोई अपना विचार नहीं बना पाया था; क्योंकि मुझे मालूम था कि उसका हृदय निगूढ़ रहस्यों से भरा है। सिर्फ अन्दाज के सहारे उस रहस्य को नहीं कहा जा सकता था।

मैं बहुत दिनों से उससे मिलना चाहता था और इसके लिए अवसर ढूँढ़ रहा था। तरह-तरह के उपायों से मैंने उसकी मित्रता प्राप्त करने की कोशिश की थी। सोचता था कि उससे उसके जीवन के बारे में पूछूँगा और उसका सम्यक् अध्ययन करूँगा। परन्तु मेरे सारे प्रयत्न बेकार चले गए। पहले-पहल जब मैं उससे मिला, वह लेबनान के पवित्र देवदार के जंगलों में घूम रहा था। मैंने अच्छे-अच्छे, सुन्दर-सुन्दर शब्दों से उसका स्वागत किया, लेकिन उसने मेरे स्वागत

का उत्तर सिर्फ सिर हिलाकर दिया और वहाँ से चला गया।

दूसरी बार मैंने उसे देख कि वह अंगूर के बगीचे में खड़ा है। मैं फिर उसके पास गया और उसे सलाम करके कहा–"गाँववाले कहते हैं कि यह मठ चौदहवीं शताब्दी में 'साइरक दल' के द्वारा बनाया गया है। क्या आप इसका कुछ इतिहास बतला सकेंगे"?

उसने बिना किसी दिलचस्पी से जवाब दिया–"मुझे पता नहीं कि इस मठ को किसने बनवाया था और न मुझे जानने की कोई इच्छा ही है"।

इतना कहकर उसने पीठ फेर ली और कहा–"तुम अपने पितामहों से क्यों नहीं पूछते जो मुझसे उम्र में बड़े हैं और उन्हें इस तराई के इतिहास का ज्ञान मुझसे अधिक है।"

मुझे अपनी असफलता का आभास मिला और मैं तुरंत वहाँ से चला गया। इस तरह दो साल बीत गए।

इस अजीब आदमी के एकाकी जीवन ने मेरे मन में घर कर लिया और मेरे मन की शांति भंग होने लगी। पतझड़ के दिन थे। मैं युसुफ-अल–फ़ख़्री की कुटिया के आस-पास पहाड़ियों और घाटियों में घूम रहा था। अचानक जोरों की आँधी आ गई। झमाझम मूसलाधार वर्षा होने लगी। तूफान मुझे यहाँ से वहाँ उड़ाने लगा, जैसे किसी नाव की तरह, जिसकी पतवार टूट गई हो और जिसके पाल की धज्जियाँ उड़ गई हों, क्षुब्ध सागर में एक भयंकर तूफान के द्वारा मैं बड़ी कटिनाई से युसुफ की कुटिया की ओर बढ़ने लगा और मन-ही मन सोचने लगा कि जिस अवसर की आशा युगों से जोहता आ रहा था वह मौका आज अनायास मिल गया। तूफान मेरे पहुँचने का बहाना बन जायेगा और मेरे भींगे कपड़े वहाँ ठहरने के लिए अच्छा कारण बन जायेंगे।

जब मैं उस झोपड़ी में पहुँचा तो मेरी अजीब दशा हो रही थी। जिसे देखने को मेरी आँखें तरस रही थी, उसके लिए मैंने वहाँ का दरवाजा खटखटाया और उसने दरवाजा खोल दिया। उसके हाथ में एक अधमरा पक्षी था जिसके डैने टूट गये थे और सिरपर चोट थी। मैंने इन शब्दों में उसका अभिनन्दन किया–'बिना बतलाये हुए इस तरह आ जाने के लिए मैं क्षमाप्रार्थी हूँ। घर से दूर आकर मैं भयंकर तूफान का शिकार बन गया।"

उसने भौहें सिकोड़ ली और कहा–"इस वन में बहुत-सी गुफाएँ हैं जहाँ तुम आसानी से शरण ले सकते थे।"

इतना कहकर भी उसने दरवाजा बन्द नहीं किया। तीव्र आशा के उन्माद ने मेरे हृदय की गति को तेज कर दिया। ऐसा लगा, जैसे मेरी वर्षों की आशा

पूरी हो जायेगी। वह चिड़िया को बड़ी कोमलता और सहानुभूति के साथ सहला रहा था जो मुझे बड़ी महत्त्वपूर्ण बात मालूम हुई। उस व्यक्ति में मैंने विरोधाभास पाया। मुझे आश्चर्य हुआ। लगा कि दया और निर्दयता एक ही साथ उपस्थित है। हम दोनों को ही इस चुप्पी का ज्ञान हुआ। उसे मेरी उपस्थिति पसन्द नहीं थी और मैं वहाँ ठहरने के लिए तुला हुआ था।

ऐसा मालूम हुआ जैसे उसने मेरे इरादों को पढ़ लिया हो। उसने मेरी ओर देखा और कहा–"आँधी शान्त हो गई है। तुम क्यों इससे भागना चाहते हो?"

मैंने मजाक से जवाब दिया–"आँधी का स्वाभाव ही है कि वह ठंड से बेकाबू कर देती है। अगर मैं फिर से उसके चंगुल से में जा फसूँ तो खुशी-खुशी मुझे निगल जायगी।

उसके चेहरे पर कठोरता का भाव आ गया। उसने कहा–"अगर तूफान ने अपना ग्रास बना लिया होता, तो तुम्हारे साथ बड़ा अहसान किया होता; परन्तु तुम इसके योग्य ही नहीं हो।"

मैंने कहा–"महाशय, आप ठीक कहते हैं। मैं आँधी के डर से भाग गया, इसलिए मुझे यह सम्मान नहीं मिलना चाहिए। मैं उसके योग्य भी नहीं।"

अपनी मुस्कान छिपाने के लिए उसने अपना मुँह फेर लिया। उसने आग के पास रखी हुई एक स्टूल की ओर इशारा किया और मुझसे अपने कपड़े सुखा लेने और आराम करने के लिए कहा। मुझे बड़ी खुशी हुई।

मैंने उसे धन्यवाद दिया और बैठ गया। वह स्वयं मेरी बगल में एक पत्थर की बेंच पर बैठ गया। उसने अपनी अंगुली एक मिट्टी के घड़े में डालनी शुरू की। उस घड़े में एक प्रकार का तेल था। वह उस तेल को घायल पक्षी के सिर और डैनों में धीरे-धीरे मल रहा था। उसने बिना सिर उठाए कहा–"अपने मजबूत डैनों के कारण ही यह पक्षी चट्टान पर गिर पड़ा और अभी जीवन और मृत्यु के बीच झूल रहा है।"

मैंने भी प्रतीकात्मक जवाब दिया–"भयानक और बलवान तूफान ने यथा-समय मुझे तुम्हारी कुटिया में बहा लाया, कि मेरे हाथ टूट न जायँ और मेरा सिर घायल न हो।"

उसने ध्यान से मेरी ओर देखा और कहा–"मैं तो चाहता हूँ कि मनुष्यों में पक्षियों की प्रकृति हो और तूफान मनुष्यों के हाथ-पैर तोड़ डाले, क्योंकि मनुष्य डर जाता है। वह निरा डरपोक है। जब वह तूफान को उमड़ते हुए देखता है, तो वह गुफाओं और छिद्रों में साँप की तरह रेंगता हुआ छिप जाता है।"

मेरा तो उद्देश्य था ही कि मैं किसी तरह उसके स्वेच्छापूर्वक इस एकान्तवास

की कहानी जान लूँ। इसलिए मैंने कहा–"जी हाँ, पक्षियों में वह आत्म-गौरव और उत्साह है जो मनुष्यों में नहीं। मनुष्य कानून और सामाजिक रीति-नीति की छाया तले रहा करता है जिन्हें उसने स्वयं बनाया है। परन्तु पक्षियों का जीवन ऐसा नहीं। वह स्वछन्दतापूर्वक विहार करता है। ठीक उसी तरह जिस तरह पृथ्वी सूर्य के चारों ओर घूमती है।"

उसकी आँखें चमक उठीं और चेहरा जगमगा उठा। शायद उसने समझ लिया कि मैं भी समझदार हूँ। उसने कहा–"यह भी खूब है। अगर तुम्हें अपनी बातों पर विश्वास है, तो तुम्हें सभ्यता और उसके भ्रष्ट नियमों और परम्पराओं को छोड़ देना चाहिए और परिन्दों की तरह ऐसी जगह रहना चाहिए जहाँ कुछ भी न हो। वहाँ स्वर्ग और सृष्टि के सर्वोतम सुन्दर नियमों के सिवा और कोई कानून न हो।"

"विश्वास बड़ी अच्छी चीज है, परन्तु उस विश्वास को काम में लाना अपनी शक्ति की जाँच करना है। बहुत से लोग ऐसे हैं। जो समुद्र के गर्जन की तरह बातें करते है, परन्तु उनका जीवन छिछला और सड़ती-बजबजाती कीचड़ की तरह स्थिर है। बहुत से ऐसे हैं जो पहाड़ की चोटियों से ऊँचा अपना सिर उठाते हैं, परन्तु उनकी आत्माएँ गुफाओं के अन्धकार में मौन पड़ी रहती है।"–इतना कहकर वह काँपता हुआ उठा और उस पक्षी को एक तह किये हुए कपड़े पर रख दिया। उसने चूल्हे में सूखी लकड़ियों का गट्ठर डाला और फिर कहा–"अपने जूते उतार दो और पैरों को गर्म करो; क्योंकि नमी तन्दुरूस्ती के लिए खतरनाक है। कपड़ों को अच्छी तरह तरह सुखा लो और आराम करो।"

युसूफ के शिष्टाचार से मेरी आशाएँ दूनी हो गई। मैं आग के नजदीक गया। मेरे भींगे कपड़ों से भाप निकलने लगी। वह दरवाजे के पास खड़ा था और धुँधले आकाश की ओर एकटक देख रहा था। उस समय मेरा मन इस समस्या को सुलझाने में व्यस्त था कि उसके जीवन के पीछे कौन सा निगूढ़ रहस्य काम कर रहा है? मैंने उससे पूछा–"आपको यहाँ आए कितने दिन हुए? क्या आप बहुत दिनों से यहाँ हैं?"

उसने बिना सिर उठाये धीमी आवाज में जवाब दिया–"जब पृथ्वी का कोई रूप न था। जब वह बिल्कुल खाली थी, जब समुद्र के ऊपर अन्धकार लहराता था और जब ईश्वर की आत्मा समुद्रों के ऊपर मँडराती थी, उसी समय से मैं यहाँ हूँ।"

इन शब्दों को सुनकर मैं अवाक् हो गया। अपनी घबराहट और बिखरे हुए ज्ञान को समेटने की कोशिश करते हुए मैंने मन ही मन कहा–"यह आदमी कितना

पागल है! इसके भेद की समझ सकना कितना कठिन है।" परन्तु मैं सावधानी और धीरज के साथ आगे बढ़ूँगा और तब तक आगे बढ़ूँगा जब तक कि वह स्वयं अपनी कहानी न कह दें और उसका रहस्य मेरी समझ में न आ जाय।

रात अपनी काली कमली तराइयों में फैला रही थी। पागलों की तरह तूफान चीख रहा था और घनघोर वर्षा हो रही थी। मुझे ऐसा मालूम पड़ने लगा जैसे मूसा के समय की बाढ़ फिर से चली आ रही हो। अब मानव का लोप हो जायगा और उसकी गन्दगी पृथ्वी पर से धो डाली जायेगी। ऐसा मालूम पड़ा कि प्रकृति के इस परिवर्तन से यूसुफ के मन में शान्ति छा गई। ऐसी शान्ति जो बहुधा मस्तिष्क के मनोरंजन के लिए आती है और सूनेपन को आनन्द में बदल देती है। उसने दो मोमबत्तियाँ जलाई और मेरे सामने शराब की एक बोतल रख दी। उसने मेरे सामने एक थाली भी रखी जिसमें रोटियाँ, पनीर, मधु और कुछ सूखे फल थे। तब वह मेरे निकट बैठ गया और कम भोजन देने के लिए क्षमा माँगी, उसकी सादगी के लिए नहीं। फिर उसने मुझे अपने साथ खाने के लिए कहा।

हमलोग चुपचाप खाने लगे। तूफान गरज रहा था और वर्षा हो रही थी। मैं उसके चेहरे की ओर ध्यानपूर्वक देख रहा था और उसके गूढ़ भेद को समझने की कोशिश कर रहा था। मैं उसके असाधारण व्यक्तित्व पर विचार कर रहा था और सोच रहा था कि आखिर इन सारी बातों के पीछे क्या छिपा हुआ है? भोजन शेष कर लेने के बाद उसने आग पर से ताम्बे की एक केतली उठाई ओर मेरे प्याले में असली कॉफी डाली। तब उसने एक छोटी-सी सन्दूकची खोली और मुझे एक सिगरेट दी। उसने मुझे भाई कहकर सम्बोधन किया। मैंने कॉफी पीते-पीते एक सिगरेट ली। मुझे कुछ ऐसा लगा जैसे मेरी आँखे मुझे धोखा दे रही हैं। वह मेरी ओर देख रहा था और मुस्कुरा रहा था। सिगरेट का उसने एक गहरा कश खींचा और कॉफी की एक चुस्की लेते हुए कहा—"सचमुच तुम सोचते होगे कि शराब और तम्बाकू यहाँ कैसे आ गई? तुम्हें मेरे भोजन और आराम पर अचम्भा होता होगा। तुम्हारी जिज्ञासा ठीक है, क्योंकि तुम उन लोगों में से ही हो जिनका विश्वास है कि समाज से अलग मानव का कोई अस्तित्व ही नहीं। उससे अलग रहकर उसे किसी प्रकार की प्रसन्नता नहीं मिल सकती।"

मैं शीघ्र ही उसकी राय से सहमत हो गया और कहा—"जी हाँ, ज्ञानियों ने कहा है कि जो ईश्वरोपासाना के लिए जगत से बिरागी हो जाता है वह सांसारिक सुख-विलाप और उसके समस्त प्रलोभनों का बलिदान कर देता है। वह भगवान के लिए कन्द-मूल पर ही सन्तोष कर लेता है।"

क्षणिक सन्नाटे के बाद, विचारों के बोझिल आवाज में उसने कहा—"ईश्वर

की आराधना मैं संसार में रहकर भी कर सकता था, क्योंकि ईश्वरोपासना के लिए एकान्तवास की आवश्यकता नहीं। मैंने समाज का त्याग इसलिए नहीं किया कि परमात्मा का दर्शन करूँ। भगवान का दर्शन तो मुझे माता-पिता के घर पर ही हो चुका था। मैंने जनसमूह का त्याग किया क्योंकि मेरे और उसके स्वभाव में संघर्ष था क्योंकि उनके सपने मेरे सपनों से भिन्न थे, क्योंकि मेरी आत्मा और उनकी आत्माएँ विपरीत दिशा में जा रही थीं और दोनों में भीषण द्वन्द्व छिड़ा हुआ था। ठीक दो पहियों की तरह, जो विपरीत दिशाओं में चलती हों और एक दूसरे की कठोरता से पीस डालती हों। मैंने सभ्यता को छोड़ दिया क्योंकि वह मुझे एक जीर्ण और गन्दे पेड़ की भाँति मालूम हुआ—कठोर और भयानक, जिसकी जड़ें धरती के अंधकार में बन्द हो और जिसकी डालियाँ बादलों से भी पार चली गई हों; परन्तु जिसके फूल लोभ, बुराई और गुनाहों से और जिसके फल शोक, दुःख, हाहाकार और भय से बने हों। क्रॉस के लिए मर-मिटनेवालों ने इस पेड़ में अच्छाई लाने की और उसके रूप को बदलने की चेष्टा की; परन्तु वे असफल रहे। उन्हें अपनी जान से हाथ धोना पड़ा। वे मृत्यृ की गोद में सो गए—निराश भग्नहृदय और सताये हुए।''

यूसुफ आग के किनारे की ओर झुका मानों वह मेरे हृदय पर अपनी बातों का प्रभाव देखना चाहता हो। मैंने चुप रहना ही उचित समझा और वह कहता गया—"नहीं, मैं एकान्त में इसलिए नहीं आया कि मैं कुटिया में रहकर ईश्वर की प्रार्थना करूँ, क्योंकि प्रार्थना तो हृदय का संगीत है जो कोलाहल और क्रन्दन के बीच ईश्वर के कानों तक पहुँच सकता है। संन्यासी का जीवन अपने शरीर और आत्मा को सताना तथा इच्छाओं को मार डालना है। वह जीवन मुझे पसन्द नहीं। ईश्वर ने मानव-शरीर को आत्मा का मंदिर बानया है। इसलिए हमारा यह कर्त्तव्य है कि शरीर को वैसा ही बनावें और शरीर में आत्मा की प्रतिष्ठा करें। नहीं मेरे भाई, मैंने धर्म के लिए एकान्तवास नहीं किया है, परन्तु केवल इसीलिए कि मानव और उसके विधान, उसकी शिक्षाएँ और परम्पराएँ, उसके विचार और चीत्कार और आर्त्तनादों से दूर रहूँ। मैंने एकान्तवास की खोज इसलिए की कि जिससे मैं उन मनुष्यों का चेहरा न देख सकूँ जो अपने को बेच देते हैं और उसके दाम से उन चीजों को मोल लेते हैं जो आध्यात्मिक और वास्तविक रूप में उनसे भी हेय है। मैं इसलिए एकान्तवासी ओर वास्तविक हुआ कि उन स्त्रियों का सम्मान न करूँ जो अपने होठों पर मुस्कान बिखेरती हुई अभिमान से चलती हैं-अपने हृदयों की गहराई में केवल वासना लेकर। मैंने एकाकी जीवन इसलिए ग्रहण किया कि उन सन्तोषी लोगों से अलग रहूँ जो सपनों में ज्ञान के चित्र देखते हैं और समझते

हैं कि मैं सीमा तक पहुँच गया। मैंने समाज से पलायन किया उनलोगों से दूर जाने के लिए जो जागते-जागते सच्चाई के सपने देखते हैं और चिल्ला-चिल्लाकर कहते हैं कि मैंने सत्य के सार को पा लिया है। मैंने संसार का त्याग किया, क्योंकि मैं उन टोलियों के लोगों से थक गया था जो विश्वास करते हैं कि नम्रता एक प्रकार की कमजोरी है और दया कायरपन!

(आदिवासी, 28 अप्रैल 1960, वर्ष 14, अंक 13)

कवि

खलील जिब्रान

इस संसार के लिए मैं अनजान-अपरिचित हूँ। मेरे निर्वासन में कठोर अकेलापन और दर्दनाक सुनापन है। मैं अकेला हूँ। इस एकाकी जीवन में मैं एक अनजान और चमत्कारिक देश की कल्पना करता हूँ। यह कल्पना मेरे सपनों को दूर-दूर, किसी बहुत दूर के देश के दृश्यों से भर देता है जिन्हें मेरी आँखों ने कभी नहीं देखा।

अपने आत्मीय के बीच में मैं अनजान हूँ। कोई भी मेरा साथी नहीं जब मैं किसी को देखता हूँ तो अपने आप ही पूछने लगता हूँ कि यह कौन है? किस प्रकार मैं इसे जानता हूँ? इसके साथ मैं किस नियम से सम्बद्ध हूँ।

और अपने लिए भी मैं एक अनजान व्यक्ति हूँ। जब मैं अपनी बोली सुनता हूँ तो मुझे अपनी ही आवाज पर अचम्भा होता है। मैं अपने अन्तर को मुस्कुराते, रोते, संग्राम करते और भयभीत होते देखता हूँ। मेरा अस्तित्व अपने ही व्यक्तित्व पर ताज्जुब करता है। जब मेरी आत्मा मेरे हृदय से सवाल पूछती है...और मैं अनजान ही रह जाता हूँ। दिगंत व्यापी निस्तब्धता मानो मुझे निगल जाती है।

मेरे शरीर के लिए मेरे विचार अनजान हैं। जब मैं आइने के सामने खड़ा होता हूँ तब मैं अपने चेहरे कुछ ऐसा देखता हूँ जिसे मेरी आत्मा नहीं देख पाती, जो मैं अपनी आँखों में पाता हूँ उसे मेरा अन्तर नहीं देख पाता।

जब मैं शोर-गुल से भरे हुए नगरों की सड़कों पर सूनी आँखें पसारे हुए चलता हूँ तो लड़के मेरा पीछा करते हैं और चिल्लाते हैं–"इसे देखो, एक अन्धा! चला, उसे चलने के लिए एक लकुटी थमा दें जिसमें वह अपना रास्ता ढूँढ़ ले।"

जब मैं वहाँ से भाग निकलता हूँ और मेरी भेंट युवतियों के झुण्ड से होती है, तो वे मेरे कुरते का दामन थाम लेती हैं और कहती हैं–"यह किसी चट्टान की तरह बहरा है। चलो, उनके कानों में प्रेम-संगीत भर दें।" जब मैं उनके बीच से भागता हूँ तो बुजुर्गों का दल अपनी काँपती हुई उँगली मेरी ओर उठाता है और कहता है–"यह एक पागल है जिसने जेनी और थोल्स की दुनिया में अपना दिमाग खो दिया है"।

इस दुनिया के लिए मैं अजनबी हूँ। संसार के एक छोर से लेकर दूसरे छोर तक मैं झटकता फिरा; लेकिन मुझे सिर छिपाने को भी कहीं जगह नहीं मिली। मैंने किसी मानव को नहीं पहचाना जिनसे मेरी मुलाकात हुई। कोई भी मुझे ऐसा नहीं मिला जो मेरी कहानी सुने।

उषा की बेला में जब मैं अपनी निद्राहीन नेत्रों को खोलता हूँ तब मैं अपने को एक अन्धेरी गुफा में कैद पाता हूँ जिसकी छत में मकोड़े झूलते हैं और जहाँ की फर्श पर साँप रेंगते हैं।

जब मैं उजियाले में जाता हूँ। तो मेरे शरीर की छाया मेरे साथ-साथ जाती है, परन्तु मेरी आत्मा की छाया मुझसे आगे बढ़ जाती है और किसी अनजान जगह में मेरा स्वागत करती है। वह ऐसी चीजों को ढूँढ़ती है जो मेरी समझ से परे है और ऐसी चीजों को पकड़ती है जिनसे मेरा कोई मतलब नहीं।

शाम को लौटकर मैं अपने बिस्तर पर लेट जाता हूँ। मेरा बिछावन मुलायम पंखों से बना है जिस पर काँटों के अस्तर हैं। जब मैं लेटता हूँ तब मैं सुख और दुःख की कामनाओं पर विचार करता हूँ और उनका अनुभव करता हूँ मुझे आशा की एक झलक दिखलाई देती है जो कष्टप्रद होने पर भी सुख देती है।

आधी रात के समय भूतकाल की आत्माएँ और भूली हुई सभ्यताओं की आत्माएँ गुफा की दरारों से प्रवेश करके मुझसे मिलने आती है...मैं एकटक उनकी ओर देखता हूँ और वे भी मुझपर टकटकी लगाये रहती है। मैं उनसे बातचीत करता हूँ और वे मुस्कुराकर मेरी बातों का जवाब देती हैं। तब मैं उन्हें पकड़ना चाहता हूँ और वे मेरी उँगलियों की राह निकल भागती हैं और झील पर की कुहरे की तरह अन्तर्ध्यान हो जाती है।

मैं इस संसार के लिए अनजान हूँ। इस दुनिया में ऐसा कोई नहीं जो मेरी बोलने वाली भाषा को समझ सके। यहाँ-वहाँ की स्मृतियाँ अचानक मेरे मन में घर कर लेती हैं और मेरी आँखों के सामने अजीब-अजीब आकृतियाँ और दुखी आत्माएँ दिखलाई देने लगती है। मैं वीरानों में घूमता हूँ और उन नदियों को देखता हूँ जो घाटी की गहराई से लेकर पहाड़ की चोटी तक तीव्र गति से बहती हैं। नंगे

वृक्षों को मैं ध्यानपूर्वक देखता हूँ जो फूलते और फलते हैं और जिनके पत्ते झड़ते रहते हैं। फिर मैं डालियों को गिरते देखता हूँ जो गिरने के साथ ही साँप के रूप में बदल जाती हैं। मैं पक्षियों को ऊपर आकाश में मँडराते देखता हूँ जो गा रहे हैं और विलाप कर रहे हैं। वे अपने डैने पसार लेते हैं और लम्बे बालवाली नग्न युवतियों की ओर झपट्टा मारते हैं। ये युवतियाँ मेरी ओर मदभरी आँखों से देखती है और मधु से शराबोर होठों से मुस्कुराती हैं और अपने सुगन्धित हाथों को मेरी ओर पसारती है। फिर वे ऊपर चली जाती हैं और मेरी आँखों से ओझल हो जाती हैं और अपनी विद्रुप मुस्कान और व्यंग्य छोड़ जाती हैं जिसकी प्रतिध्वनि सागर में गूँज उठती है।

इस संसार के लिए मैं अजनबी हूँ। मैं एक कवि हूँ। मैं ऐसी कविताएँ करता हूँ जो जीवन की कहानियाँ हैं और मेरी कहानियाँ जीवन की कविताएँ हैं।

इसीलिए मैं अनजान हूँ और मैं तब तक अनजान ही रहूँगा जब तक कि काल-देवता, मृत्यु-देवता मुझे अपने सुन्दर देश में न ले जायँ—जहाँ आनन्द, शान्ति और सहृदयता एक ही साथ मिली रहती है वहीं मैं ठहरा रहूँगा। फिर मैं दूसरे अनजान लोगों को राह दे दूँगा जो समयरूपी सहानुभूति-पूर्ण जाल के द्वारा इस संकीर्ण और अन्धेरी दुनिया से छुटकारा पायेंगे।

(आदिवासी, 23 जून 1960, वर्ष 14, अंक 21)

मेरा जन्म दिवस

खलील जिब्रान

आज के दिन ही मेरी माँ ने मुझे जन्म दिया था। पच्चीस वर्ष पूर्व आज के ही दिन महान निस्तब्धता ने विलाप, आँसू और चेष्टाओं से भर कर मुझे अस्तित्व की गोद में डाल दिया।

मैंने पच्चीस बार जलते हुए सूर्य की परिक्रमा की है और चंद्रमा ने अनेको बार मेरी न्यूनता का चक्कर लगाया है। फिर भी मैंने ज्योति के रहस्यों को अब तक नहीं पहचाना और न मैंने अँधियारे के भेद को ही समझा है।

इन पच्चीस वर्षों में मैंने सूर्य, पृथ्वी और ग्रहों के साथ वर्षों अनंत की यात्रा की। फिर भी मेरी आत्मा अनन्त नियमों को जानने के लिए लालायित रहती है, किसी गहरी खाई की तरह, जो समुद की लहरों की प्रतिध्यनियों से गूँज उठती है, परन्तु कभी भी मर नहीं पाती।

स्वर्ग के नियमों के अनुसार जीवन चलता रहता है, परन्तु उसे सागर की असीम शक्ति का होश नहीं है। आत्मा किसी स्वर्गीय ताल-सुर के चढ़ाव-उतार की प्रशंसा के गीत गाती है; लेकिन उसका मतलब नहीं समझती।

पच्चीस वर्ष बीत गए। समय के हाथों ने मेरे अस्तित्व का छाप लगा दिया है। अब मैं संसार की किताब का एक जीवित पृष्ठ हूँ। फिर भी मैं कुछ नहीं, केवल एक धुँधला शब्द हूँ जिसका मतलब साफ नहीं, जो कभी किसी बात का संकेत नहीं करता और कभी-कभी अनेक वस्तुओं का संकेत करता है।

आज के दिन हर साल मेरी आत्मा ध्यान और स्मृतियों से भर जाती है जो थोड़ी देर के लिए जिन्दगी के जुलूस को रोक देते हैं। वे मेरे सामने व्यर्थ रातों

की छाया को दर्शाते हैं और फिर उन्हें उड़ा ले जाते हैं; ठीक उसी तरह जैसे औरों की आँधी हल्के बादलों को क्षितिज से उड़ा ले जाती है। और वे मेरी झोपड़ी के अंधेरे कोने में लुप्त हो जाते हैं, किसी सँकरे नदी की तरह जिसकी कलकल ध्वनि दूर की तराइयों में खो जाती हैं।

आज के दिन प्रति वर्ष वे आत्माएँ जिनसे मेरी आत्मा बनी है, अनन्त की समस्त आत्माओं के साथ मेरे चारों ओर इकट्ठी हो जाती है और मेरा दर्शन करती है। वे स्मृतियों के शोकपूर्ण भजन गाती हैं। फिर वे तुरंत वापस चली जाती हैं और दृश्य वस्तुओं के पीछे अन्तर्ध्यान हो जाती हैं, किसी पक्षियों के झुंड की भाँति जो परितयक्त खलिहान में उतरता है और जहाँ उसे कोई अनाज नहीं मिल पाता। वह झुंड निराश होकर उड़ जाता है और जल्द उस स्थान को चला जाता है जहाँ उसे दाना मिलना है।

आज के दिन मैं अतीत पर ध्यान देता हूँ जिसके उद्देश्य मेरे मन को उलझा देते हैं और मेरे हृदय को अस्त व्यस्त कर देते हैं। मैं उसे इस तरह देखता हूँ मानो वह धुँधला दर्पण हो जिसमें गुजरे दिनों के काल-सदृश चेहरे के सिवा और कुछ दिखलाई नहीं देता। जब मैं फिर टकटकी लगाकर देखता हूँ तब मुझे उसमें अपनी ही मूर्ति दिखाई देती है जो मेरे उदास 'स्वयं' को एकटक देखती है। मैं शोक से सवाल पूछता हूँ और वह मूक रह जाता है। यदि उसे वाणी होती तो वह अह्लाद के गीतों से भी अधिक मधुर साबित होता।

पचीस वर्षों की यह जिन्दगी में मैंने अनेक वस्तुओं से प्रेम किया। अधिकतर मैंने उस वस्तुओं से प्रेम किया जिनसे मानव घृणा करता है। मैंने उन चीजों से घृणा को जिनसे मानव प्यार करता है।

बचपन में मैंने जिसे प्यार किया उसे अभी भी प्यार करता हूँ और सदा प्यार करता रहूँगा। प्यार करने की शक्ति मानव के लिए ईश्वर का सबसे बड़ा दान है, क्योंकि यह शक्ति उस धन्य व्यक्ति से, जो उसे प्यार करता है, कभी छीनी नहीं जायगी।

मुझे मृत्यु से प्रेम है। मैं उसे सुमधुर नाम देता हूँ और भीतर ही भीतर, व्यंग्यवाणी सुननेवालों की भीड़ में भी स्नेहसिक्त वाणी से उसकी प्रशांसा करता हूँ। यद्यपि मैंने मृत्यु के प्रति अपनी भक्ति को त्यागा नहीं है, फिर भी मैं जिन्दगी के प्रति मोहित हूँ, क्योंकि सुन्दरता और मधुरता और आकर्षण के जीवन और मृत्यु मेरे लिए बराबर है। मृत्यु और जिन्दगी ने मेरी अभिलाषा और स्नेह को उत्पन्न करने में और मेरे सुख-दुख में मुझसे सहानुभूति दिखने में हाथ जोड़ लिया है।

मुझे स्वतंत्रता से प्रेम है। जब मुझे इन बातों का अत्यधिक ज्ञान हुआ कि मानव ने गुलामी, अत्याचार और बर्बरता के सामने सिर झुका दिया है और घिनौनी मूर्तियों की अधीनता मान ली है जो अतीतकाल में गढ़ी गई थी और गुलामी के सूखे होठों के द्वारा चमकाई गई थी; तभी से सच्ची स्वतंत्रता के लिए मेरे प्रेम की वृद्धि हुई।

परन्तु स्वतंत्रता के प्रेम के साथ-साथ मैं उन गुलामों से भी प्रेम करता हूँ, क्योंकि उन्होंने बिना समझे-बुझे जंगली और खौफनाक जानवरों के जबड़ों का चुम्बन किया है जब वे शान्त ओर सुखदायक बेहोशी में पड़े हुए थे। उन्होंने मुस्कुराते हुए जहरीले साँपों के जहर का अनुभव नहीं किया था और अनजाने ही अपनी उँगली से अपनी कब्र खोद रहे थे।

स्वतंत्रता का प्रेम मेरी सबसे बड़ी प्रीति है। वह प्रीति मेरे लिए एक सुन्दर युवती के समान है जो अकेलेपन के कारण इतना दुर्बल और एकान्तवास के कारण इतना सूख गई है कि अनजानी और अनचाही जगहों के बीच एक छाया की तरह भटकती रहती है। रास्तों के किनारे वह एक-एक राही को पुकारती है, परतु वे इस पर ध्यान नहीं देते।

इन पच्चीस वर्षों में मैंने आह्लाद से प्रेम किया है जैसा कि सब लोग करते हैं। मैं उसे लगातार ढूँढ़ता रहा, परन्तु मनुष्यों के पथ पर वह मुझे नहीं मिला और न मनुष्य के महलों के सामने की रेत पर उसके चरण-चिन्ह ही देखे मैंने। मनुष्यों के मन्दिर की खिड़कियों में से उसकी आवाज की प्रतिध्वनि भी नहीं सुनी।

एकान्तवास में मैंने उसे ढूँढ़ा और जब मैं उसके निकट आया, तो मैंने अपनी आत्मा को अपने कानों में फुसफुसाते हुए पाया। आत्मा कह रही थी-"जो खुशी तुम ढूँढ़ रहे हो वह एक कुमारी है जिसने हर हृदय की गहराई में जन्म लिया है और वहीं पाली भी गई है। वह अपनी जन्मभूमि के बाहर नहीं निकलती।" जब मैंने उसे पाने के लिए अपने हृदय को खोला तो मैंने उसके राज्य में केवल उसका दर्पण, उसका झूला और उसके कपड़ों को पाया। वह स्वयं वहाँ नहीं थी।

मैं मानव से प्रेम करता हूँ तीन प्रकार के मानवों से मैं एक समान प्रेम करता हूँ। एक, जो जिन्दगी को झूठी बतलाता है, दूसरा, जो उसे आशीष देता है और तीसरा, जो उस पर विचार करता है। पहले को मैं उसकी तकलीफों के कारण प्यार करता हूँ। दूसरे को उसकी उदारता के लिए और तीसरे को उसके विचार और शान्ति के लिए।

इस प्रकार प्रेम की संगति में मैंने पच्चीस वर्षों तक शून्य में दौड़ लगाई। इस तरह मेरी रातें ओर मेरे दिन सरपट भाग चले। मेरी जिन्दगी की राह से वे

गिर पड़े और पतझड़ की हवाओं के सम्मुख पेड़ों की सूखी पत्तियों की तरह फड़फड़ाते हुए उड़कर चले गए।

आज मैं अपनी राह में रुक गया हूँ, किसी थके-माँदे यात्री की तरह, जिसकी मंजिल अब भी दूर है। फिर भी वह रुक कर अपनी स्थिति का निर्णय करना चाहता है। मैं हर दिशा की ओर देखता हूँ, परन्तु अपने अतीत के किसी हिस्से हर कोई अंश भी मुझे नजर नहीं आता जिसे उँगली से बताकर मैं कहूँ कि वह मेरा है।

मैं अपने वर्ष की ऋतुओं में यकीन भी नहीं कर सकता, क्योंकि मेरा भंडार केवल उन कागजों पर ही डींग मार सकता है जिन पर काली स्याही से कुछ लिख गया है; और उन चित्रकारियों पर सरल रेखाओं और रंगों के सिवा और कुछ भी नहीं है।

इन कागजों और तस्वीरों के द्वारा मैंने अपने प्रेम, विचारों और सपनों को कफन देने और दफना देने में ही सफलता प्राप्त की है, किसी बीज बोने वाले की तरह जो पृथ्वी की छाती पर बीजों को छुपा देता है।

परन्तु जब बीज बोनेवाला धरती की छाती पर बीज बो चुकता है तब वह सूरज ढलते ही घर लौट जाता है। फिर वह कटनी की राह देखता है और उसके लिए रुका रहता है। मैंने तो अपने हृदय के अन्तर बीज को निराशारूपी खेतों में बोया है इसलिए मेरा आस देखना और इंतजार करना व्यर्थ है।

मैंने सूर्य के चारों ओर पच्चीस बार यात्रा कर ली और अब अपने अतीत का शोक और दुख के गाड़े पर्दे से झाँकता हूँ। मौन भविष्य केवल अतीत की टिमटिमाती बत्तियों द्वारा मुझे अपनी रोशनी देता है।

मैं विश्व को अपनी झोपड़ी के आड़े शहतीरों से एकटक देखता हूँ। मुझे मनुष्यों के चेहरे दिखलाई देते हैं, मुझे उनकी आवाजें सुनाई देती हैं जो पृथ्वी के ऊपर गूँज रही है। मैं चट्टानों के ऊपर उनकी पगध्वनि सुनता हूँ। मैं उनकी आत्माओं को प्रकाशित होते हुए, आकंशाओं को काँपते हुए और हृदयों को धड़कते हुए देखता हूँ।

बच्चों को मैं दौड़ते, हँसते, खेलते और रोते हुए देखता हूँ। जवानों को मैं सिर उठाकर चलते हुए देखता हूँ, मानों वे जवानी की कसीदाकारी को सूर्य की तेज किरणों के द्वारा अधमुंदी आँखों की सीमाओं के बीच रख कर पढ़ते हुए गा रहे हों।

मैं युवतियों को देखता हूँ जो मनोहारी ढंग से चल रही हैं। वे कोमल डालियों की तरह लचक रही हैं और फूलों की तरह हँस रही हैं। युवकों को वे प्यार भरी थिरकती आँखों से देख रही हैं।

मैं बूढ़ों को झुकी हुई पीठ लिए धीरे-धीरे चलते देखता हूँ। वे अपनी टहलने की छड़ी पर झुके हुए हैं और पृथ्वी को इस तरह एकटक देख रहे हैं मानों वे जवानी के लिए खोए हुए खजाने को यहाँ ढूँढ़ रहे हों।

मैं इन तस्वीरों और दृश्यों को नगर की सड़कों और रास्तों में घूमते और रेंगते हुए देखता हूँ।

तब मैं नगर के पार देखता हूँ और वन, उसकी सुरक्षित सुन्दरता, उसकी बोलती हुई निस्तब्धता, उसकी घटियों, तराइयों, गगनचुम्बी पेड़ों, खुशबूदार फूलों, तेजी से बहने वाली नदियों और गाती हुई चिड़ियों पर ध्यान देता हूँ।

फिर मैं जंगल से समुद्र की ओर देखता हूँ और उसकी जादूभरी चीजों, उसकी गहराई के रहस्यों और उसके सतह की फेनिल और गरजती हुई लहरों पर ध्यान देता हूँ। उसकी लहरियाँ शान्त हैं।

तब मैं समुद्र से पार अनन्त आकाश को एकटक देखता हूँ। चमकते हुए तारों के साथ, उसके सूर्य, चंद्रमा और ग्रहों के साथ, जो उसकी दानवी शक्तियों और उसके असंख्य तत्वों के साथ, जो किसी महान् नियम से ठीक-ठीक सहमत हैं और जिनका न आदि है, न अंत।

इन चीजों पर मैं अपनी दीवारों के भीतर विचार करता हूँ। मैं अपने पच्चीस वर्षों को भूल जाता हूँ और उन वर्षों को भी, जो उससे पहले हुए थे। मैं उन सदियों को भूल जाता हूँ जो आनेवाले हैं।

इस समय मेरा निज का और पास-पड़ोस के लोगों का अस्तित्व एक नन्हें शिशु के दुर्बल आह के समान मालूम हो रहा है, किसी सर्वोच्च सीमारहित स्थल के गहरे और अनन्त शून्य में काँप रहा है।

यह छोटा-सा नगण्य अस्तित्व...यह 'स्वयं' जो स्वयं मैं हूँ, जिसकी गति और कोलाहल को मैं अविराम सुनता हूँ, आज खुले आसमान की ओर अपने मजबूत डैनों को तोल रहा हूँ। अपने हाथों को सारे दिशाओं में फैला रहा हूँ। वह आज के दिन...जिस दिन ने मुझे जिंदगी में लाया और जिस दिन मुझमें जिंदगी भरी, झूम रहा है और काँप रहा है।

और तब मेरे अंतर के समस्त पावन वस्तुओं में से एक भयंकर ध्वनि निकलती है। वह कहती है–"ओ जीवन, तुम्हें शान्ति मिले। ओ जागृति, तुम्हें शान्ति। ओ प्रकाशवान, तुम्हें शान्ति। ऐ दिन, तुम जो जगमग ज्योति से पृथ्वी के अंधकार को निगल डालते हो, तुम्हें शान्ति।

ओ रात्रि, जिसके अन्धकार के कारण आकाश की दीपमालाएँ जगमगा उठती हैं, तुम्हें शान्ति।!

ऐ वर्ष-भर की ऋतुओं, तुम्हें शान्ति। ओ वसन्त, तुम जो पृथ्वी की जवानी लौटा लाते हो, तुम्हें शान्ति। ओ ग्रीष्म, तुम जो सूर्य की महिमा सूचित करते हो, तुम्हें शान्ति। ऐ पतझड़, तुम जो सहर्ष परिश्रम के फल और परिश्रम की कटनी देते हो, तुम्हें शान्ति। ओ शीत, जिसकी आँधियाँ और तूफान सृष्टि की सुषुप्त शक्तियों का पुनः संचार करते हैं, तुम्हें शान्ति। तुम उसे दर्शाते हो जिसे ऊर्मि ने छिपाया था। ओ युगों, जो उन्हें बनाते हैं जिन्हें ऊर्मि ने बिगाड़ा था, तुम्हें शान्ति। ओ समय, तुम्हें शान्ति। तुम, जो हमें काल की पूर्णता की ओर ले जाते हो। ऐ हृदय, जो आँसुओं के सराबोर होकर भी धड़कता रहता है, तुम्हें शान्ति। ऐ अधर, तुम जो जीवन के पित्त और सिरके को चखते हुए भी आनन्द के साथ 'सलाम' कहते हो, तुम्हें शान्ति। ओ आत्मा, जो सूर्य के पर्दो से छिप कर जीवन और मृत्यु के पतवारों का संचालन करती हो, तुम्हें शन्ति मिले।''

आदिवासी, जनवरी 1961, वर्ष 14, अंक 49-50

अनंत अग्नि और समय की चिता-भस्म

खलील जिब्रान

पहला भाग

ईसा से 116 वर्ष पहले का बसन्त

रात का समय; चारों और निस्तब्धता राज्य कर रही थी। सूर्य के देश बाल-नगर के सभी प्राणी सो रहे थे। जैतून और लारेल के वृक्षों के बीच, आलीशान मन्दिरों के आस-पास इधर-उधर छिट-पुट बत्तियाँ बुझा दी गई थीं। चंद्रमा अपनी श्वेत चाँदनी सफेद संगमर्मर के स्तम्भों पर फैल रहा था। ये स्तम्भ रात के सन्नाटे में दानवों की तरह खड़े थे। वे देव-मन्दिरों की रखवाली कर रहे थे और अस्त-व्यस्त घबराई दृष्टि से लेबनान की मीनारों की ओर देख रहे थे जो दूर पहाड़ों की चोटियों पर चकमक रह रही थी।

उस अंखड निस्तब्धता में, जब सभी प्राणी निद्रादेवी की गोद में निश्चिन्त पड़े थे, महायाजक का पुत्र नथान ने ईश्वर के मंदिर में प्रवेश किया। उसके काँपते हुए हाथ में एक मशाल जल रही थी। उसने बत्तियों और धूपदानों को जलाया। लोहबान और गंधरस की सुगन्ध मंदिर के कोने-कोने में फैल गई। जब उसने वेदी के सामने घुटने टेक दिये। वेदी पर सोना, चाँदी और हाथी दाँत की बनी चीजें जड़ी हुई थीं। नथान ने अपना हाथ देवी ईश्वर की ओर उठाया और एक दर्दभरी रूँधी आवाज में उसने कहा–"मुझ पर दया करो, ओ महान ईश्वर, प्रेम और सौन्दर्य की देवी! मुझ पर दया करो और मेरी प्रिया को मृत्यु से बचा लो। मेरी

आत्मा ने तुम्हारी इच्छा से ही उसे स्वीकार किया है। हकीमों और वैद्यों की दवाइयाँ उसकी जिन्दगी को वापस नहीं ला पाती और न पुजारियों के मंत्रभरे गीत ही उसे जिला सकते हैं। अब कुछ भी बाकी नहीं, केवल तुम्हारी करुणा का ही भरोसा है। तुम्हीं मेरे पथ-प्रदर्शक हो और मेरी सहायिका हो सकती हो। मुझ पर दया करो, मेरी प्रार्थना सुनो। मेरे कुचले हुए हृदय और कराहती हुई आत्मा की ओर ध्यानपूर्वक देखो। मेरी प्रिया की जान बचा दो कि हम तुम्हारे प्रेम के रहस्यों के साथ आनन्द मनावें और यौवन के सौन्दर्य की महिमा गायें जो तुम्हारी बुद्धि और शक्ति के रहस्यों को प्रकट करता है। मैं अपने हृदय की गहराइयों से तुम्हें पुकार रहा हूँ। ओ महान् ईश्वर! रात्रि के अन्धकार में मैं तुमसे दया की भीख माँगता हूँ। मेरी सुनो, ओ ईश्वर! मैं तुम्हारा नेक सेवक नथान हूँ, महायाजक हिराम का पुत्र। मैं अपने समस्त कर्म और वचन, तुम्हारी महानता के सामने, तुम्हारी वेदी पर उत्सर्ग करता हूँ।

समस्त युवतियों में मैं केवल एक से ही प्रेम करता हूँ। मैंने उसे अपना साथी बना लिया है। परन्तु 'जेनी' की दुल्हिनों को ईर्ष्या हुई। उन्होंने उसकी काया को रोगग्रस्त कर दिया और उसके पास मृत्यु का सम्वाद भेजा है। अभी मृत्यु उसकी शय्या के पास किसी बुभुक्षित छाया की भाँति खड़ी है। उसने उसके ऊपर अपनी काली पसलीवाले डैने को फैला दिया है और अपने नुकीले पंजों को फैला कर उसका ग्रास करने को तैयार है। मैं यहाँ इसलिए आया हूँ कि तुमसे दया की भीख माँगू। मुझ पर दया करो और उस फूल को बचा लो, जिसने अभी तक जिन्दगी के असली सुख का अनुभव तक नहीं किया है।

उसे मृत्यु के चंगुल से बचा लो। हम सहर्ष तुम्हारी महिमा के गीत गायेंगे और तुम्हारे सम्मान में धूप जलायेंगे। तुम्हारी बलिवेदी पर हम बलिदान चढ़ायेंगे। तुम्हारे कटोरों को हम सुगन्धित तेल से भर देंगे और तुम्हारी पूजा के स्थान के अग्रभाग में गुलाब और वायलेट के फूल बिखेर देंगे और तुम्हारे मन्दिर के सामने धूप जलायेंगे। ओ ईश्वर आश्चर्यजनक लीलाओं की देवी, उसे बचा लो और इस सुख-दुख के झगड़े में प्रेम को मृत्यु के ऊपर विजयी होने दो।

नथान इतना कह कर चुप हो गया। उसकी आँखें आँसुओं से भर गई थीं और उसके हृदय से दर्दभरी आहें निकल रही थी। उसने फिर कहना आरम्भ किया—"ओ देवी ईश्वर, मेरे सपने छिन्न-भिन्न हो गए हैं और मेरा हृदय चूर-चूर हो गया है। अपनी दया के द्वार मुझे प्रसन्नता प्रदान करो और मेरी प्रिया को बचा लो।"

इसी समय एक गुलाम ने उस मंदिर में प्रवेश किया और तेजी से नथान

के पास पहुँचकर उसके कान में फुसफसाया–"मालिक, उसने अपनी आँखें खोल दी हैं। उसने पलंग के चारों ओर देखा और तुम्हें न पाकर तुम्हें पुकारा। मैं जल्दी से तुम्हें बुलाने आ गया हूँ।"

नथान तुरंत चला गया और गुलाम भी उसके पीछे-पीछे चला गया।

महल में नथान बीमार युवती के कमरे में पहुँचा। वह उसके ऊपर झुक गया और उसके दुर्बल हाथों को अपने हाथ में ले-लिया। तब उनके होठों को बार-बार चूमने लगा, मानो वह उसके शरीर में अपनी जिन्दगी की नई साँस फूँकना चाहता हो। वह रेशम के तकिये पर अपना सिर इधर-उधर कर रही थी। उसने अपनी आँखें खोली। उसके होठों पर मुस्कुराहट की एक छाया दिखलाई पड़ी। वह जैसे उसके मृतप्राय शरीर में जीवन की अन्तिम अस्पष्ट एक धुँधली रेखा थी...एक हृदय की पुकार की प्रतिध्वनि, वह हृदय जो मंजिल की ओर दौड़ लगा रही हो। उसने बहुत ही क्षीण आवाज में–जो आवाज मृत माता की सूखी छाती पर चिपके हुए भूखे शिशु के बलहीन क्रन्दन के समान हो–कहा–"ओ मेरी आत्मा के जीवन; देवी ने मुझे बुलाया है। तुमसे मुझे छीन लेने के लिए मृत्यु की माँग न्यायसंगत है। मैं अब तुमसे अलग हो रही हूँ–मैं जा रही हूँ। मगर जवानी और प्यार के प्याले अभी भी हमारे हाथों में लबालब भरे हैं और खूबसूरत जिन्दगी के फूलों से भरे रास्ते हमारे सामने खुले हैं। मेरे प्रियतम अब मैं आत्मा की नाव पर सवार होकर जा रही हूँ। मगर मैं फिर वापस आऊँगी, क्योंकि महान् ईश्वर, मानव की उन सारी प्यारी आत्माओं को वापस लायेगी जो मिठास और जवानी की खुशी को चखे बिना ही काल के गाल में चली गई हैं।

ओ नथान, हम फिर मिलेंगे और एक साथ मिलकर सौसन फूल की पंखुड़ियों के कटोरों से ऊषा के ओसकण पीयेंगे। खेत की चिडियों के साथ हमलोग इन्द्रधनुष के रंगों पर खुशियाँ मनायेंगे। तब तक के लिए, मेरे प्रियतम, विदा!"

उसकी आवाज रुँध गई और उसके होंठ काँपने लगे, किसी एकाकी फूल की तरह जो सुबह के झकोरों में काँपने लगा हो। नथान ने उसे अपनी बाँहों से भर लिया। उसकी आँखों से आँसू बरस रहे थे। नथान ने जब अपने होंठ उसके होंठों से लगाये तो उसने उन होंठों को खेत के पत्थरों की तरह ठंढा पाया। वह चीख उठा और अपने कपड़े फाड़ने लगा। वह उसके मूल शरीर पर गिर पड़ा। काँपती हुई आत्मा पागलों की तरह जिन्दगी के पर्वतों और मृत्यु की चट्टानों के बीच से चली जा रही थी।

रात के सन्नाटे में सोती हुई आत्माएँ जाग उठीं। स्त्रियाँ और बच्चे डर गए,

क्योंकि उन्होंने एक भयानक आवाज सुनी। एक दर्दभरा क्रंदन और विलाप देवी ईश्वर के महायाजक के महल के कोनों से आ रहे थे।

जब थकी-माँदी सुबह आई तो लोग नथान के बारे में पूछने लगे कि चलकर उसके प्रति सहानुभूति प्रकट करें, क्योंकि उन्हें पता नहीं था कि वह कहीं चला गया है। पंद्रह दिनों के बाद पूरब से आनेवाली ऊँटों की टोली के अगुआ ने बतलाया कि उसने नथान को दूर जंगलों में देखा है। वह मरुभूमि के हिरणों के झुंड के साथ इधर-उधर भटक रहा था।

युग आये और गये, अपने अदृश्य चरणों से सभ्यता के दुर्बल कार्यों को तोड़ते-फोड़ते हुए। सौन्दर्य और प्रेम की देवी ने भी सूर्य के देश को छोड़ दिया। एक अजीव अस्थिर देवी ने उसकी जगह ले ली थी। उसने सूर्य के नगर के आलीशान मन्दिरों को नष्ट कर दिया और वहाँ के सुन्दर महलों को ढाह दिया। फूलों से भरे सुन्दर उपवन और उपजाऊ मैदान बंजर हो गए। सिवा उन खंडहरों के वहाँ कोई भी चीज नई नहीं रही जो दुखी आत्माओं को अतीत के भूतों को याद दिलाते और संतप्त आत्माओं के सामने अपनी महिमा के भजनों की प्रतिध्वनि मात्र को दुहरा देते थे।

किन्तु कठोर काल ने, जिसने मानव-कार्यों को तहस-नहस कर दिया वह भी उसके सपनों का नाश नहीं कर सका और न उसके प्रेम को हिला सका, क्योंकि सपने और प्यार अनन्त आत्मा के साथ सदा जीवित रहते हैं। कुछ समय के लिए वे भले ही लुप्त हो जाएँ, शायद रात आने पर सूर्य का पीछा करते हुए या सुबह होने पर तारों का पीछा करते हुए; मगर स्वर्ग की ज्योति के समान वे अवश्य वापस आते हैं।

दूसरा भाग

1890 ईस्वी का बसन्त

दिन का अवसान हो चुका था। प्रकृति देवी अब सोने के लिए अनेक प्रकार की तैयारियाँ कर रही थी। सूर्य देवता ने अपनी किरणें बाल नगर से बटोर ली थी। अली-अल-हुसैनी गाय-बैलों को मंदिर के खँड़हरों के बीच एक गौशाले में वापस ले लाया। वह वहीं पुराने संगमर्मर के स्तम्भों के बीच बैठ गया। ये स्तम्भ युद्ध

में मारे गए असंख्य वीरों की हड्डियों की स्मृति में खड़े थे। उसकी वंशी की मधुर ध्वनि से मंत्र–मुग्ध होकर भेड़ उसके चारों ओर इकट्ठे हो गए।

आधी रात आई। स्वर्ग ने अंधकार के गहरे रंग में आगामी कल के बीज बोये। जाग्रत अवस्था के दृश्यों से अली की आँखें थक गई। डरावने सन्नाटे में टूटी दीवारों के बीच भूतों के जुलूस का 'लेफ्ट-राइट' देख-देख कर उसका मस्तिष्क अलसा गया। वह अपनी बाँहों पर झुक गया और नींद ने उसकी तहवाली महीन चाादर के छोर के साथ उसे आक्रान्त कर दिया-किसी मुलायम बादल की तरह जो एक शान्त झील के मुखमंडल जल का स्पर्श करता हो। वह अपने वास्तविक रूप को भूल गया।...तब उसने अपने अदृश्य को देखा जो मानव के नियमों और शिक्षाओं से भी ऊँचे विचारों और सपनों से भरा था। उसकी आँखों के सामने इस दर्शन की परिधि विस्तृत होती गई और जिन्दगी के छिपे हुए रहस्य धीरे-धीरे स्पष्ट दिखलाई देने लगे। उसकी आत्मा ने काल की तीव्र गति को छोड़ दिया जो शून्य की ओर जा रही थी। वह अपने मिले-जुले ख्यालों और पारदर्शक विचारों के बीच अकेला खड़ा रहा। जीवन में पहली बार अली को अपने आध्यात्मिक अकाल के कारण का भान हुआ जिसने उसकी जवानी का पीछा किया था...वह दुर्भिक्ष जो जीवन की मधुरिमा और कड़वेपन के बीच की खाई को भर देता है... वह प्यास जो प्यार को आहों और पूर्णता के गूँगेपन को सन्तोष में बदल देता है...वह करुणा, जिसे संसारिक गौरव हरा नहीं सकते और न जिसे काल की गति झुका सकती है। अली को अपने भीतर एक अजीब लगाव की लहरों तथा करुणापूर्ण स्नेह का अनुभव हुआ। वह स्मृति थी जो सफेद राख के ऊपर रखे गए धूप की तरह अपने को फिर से जगाने की चेष्टा कर रही थी।...वह एक जादूभरा प्यार था जिसकी नम्र उँगलियों ने अली के हृदय को छू दिया था। ठीक संगीतकार की मुलायम उँगलियों की तरह जो वीणा के कम्पित तारों को छूती हैं। वह एक शक्ति थी जो शून्य से निकल रही थी और बड़ी तेजी से बढ़ती जा रही थी–उसके असली रूप को समेटती हुई ओर उसकी आत्मा को उत्साहपूर्ण प्रेम से भरती हुई, जो एक ही साथ दर्दीला और मधुर था।

अली ने उन खंडहरों की ओर देखा। उसकी बोझिल आँखें चौकन्नी हो उठी। उसने उन विध्वंस्त पवित्र स्थानों की कल्पना की जो बहुत दिन आगे महान् अगम्य और अनन्त मन्दिरों की भाँति खड़ी थीं। उसकी आँखें स्थिर हो गई और उसकी साँस तीव्र गति से चलने लगी और वह एक अंधे की तरह, जिसे अचानक दृष्टि मिल गई हो, देखने-सोचने विचार करने लगा...उसने बत्तियों और चाँदी के धूपदानों को याद किया जिन्होंने एक सर्वमान्य किसी मान्य और पूजनीय देवी की प्रतिमा

को घेर रखा था।...उसने उन पुजारियों को याद किया जो हाथी दाँत और सोने से बनी वेदी के सामने बलि चढ़ाते थे। एसने तानपूरा बजाने वाले और गायकों को सोचा जो सौन्दर्य और प्रेम की देवी की प्रशंसा के गीत गाते थे। उसने इन सबको अपने मन की आँखों के सामने देखा और अपने हृदय की सँकरी गहराई में उनकी धुँधली छाया का अनुभव किया।

परन्तु अकेली स्मृति जमानों की गहराई के भीतर से सुनी गई प्रतिध्वनियाँ और शब्दों के सिवा कुछ ला नहीं सकती। फिर इन शक्तिशाली और जाल बुनती हुई इन स्मृतियों का किसी साधारण युवक के पूर्वकालीन वास्तविक जीवन से क्या सम्बन्ध है? वह युवक तो एक तम्बू में पैदा हुआ है जिसने अपने जीवन का बसन्त तराइयों में भेंड़ चराते हुए गुजार दिया।

अली ने अपने को संयत किया और खंडहरों के बीच घूमने लगा। अचानक कुरेदती हुई स्मृतियों ने उसके विचारों से विस्मृति के पर्दे को फाड़ा। जब वह मन्दिर के विशाल और गुफा के समान फाटक पर पहुँचा तो रुक गया। उसे ऐसा लगा जैसे किसी चुम्बकीय शक्ति ने उसे पकड़ लिया है और उसके पैरों को जकड़ रखा है। जब उसने नीचे की ओर देखा तो उसे जमीन पर एक कुचली हुई मूर्ति दिखलाई पड़ी। उसने अदृश्य की पकड़ से अपने आपको छुड़ाया और तुरंत उसकी आत्मा के आँसू फूट पड़े और किसी गहरे घाव से निकलते हुए खून की धारा की तरह बह चलें। हृदय की लहरें समुद्र की तरह कभी आगे कभी पीछे आने-जाने लगीं। वह दुख की आहें भरने लगा और उसे दर्द भरी रुलाई आ गई, क्योंकि उसे एक चुभता हुआ एकाकीपन और ध्वँसकारी दूरी का अनुभव हुआ जो उसके अपने और उस हृदय के बीच खाई की तरह पड़ी हुई थी जो उसकी जीवन में प्रवेश करने से पहले ही उससे छीन ली गई थी। उसे ऐसा मालूम हुआ मानों उसकी आत्मा का तत्व परमात्मा की जलती हुई मशाल की एक ज्वाला मात्र है जिसे ईश्वर ने सदियों पहले ही अपने से अलग कर दिया था। उसने मुलायम डैनों से स्पर्श का अनुभव किया जो उसके चमकते हुए हृदय के पास ही सरसरा रहा था। उसके ऊपर एक महान् प्रेम ने अधिकार कर लिया...वह प्यार, जिसकी शक्ति मस्तिष्क को संसार के तौल और माप से अलग करती है...वह प्यार, जो तब बोलता है जब जीवन चुप हो जाता है...वह प्यार, जो नीले मशाल की तरह अदृश्य प्रकाश से स्वागत करते हुए राह दिखलाने के लिए खड़ा हो जाता है। वह प्यार या वह परमात्मा, जो उन सुनसान घड़ियों में अली के हृदय में उतरा था और जिसने उस पर एक कड़वा और मीठा प्यार छिड़क दिया था। लहलहाते हुए फूलों के आस-पास बढ़ते हुए काँटों की तरह।

परन्तु यह प्यार कौन है और कहाँ से आया? वह इस चरवाहे से जो खडहरों के बीच घुटनों के बल बैठा है, क्या माँग रहा है? क्या वह बीज है जो उसके हृदय रूपी खेत में उसके बिना जाने ही बो दिया गया है? क्या वह एक किरण है जो जिन्दगी को चमचमाने के लिए गहरे बादलों के बीच से निकल पड़ी है? क्या वह एक स्वप्न है जो रात्रि के सन्नाटे में उसका परिहास करने के चुपके से आ गया है? या, क्या वह एक सत्य है जो आदि में भी था और अन्त में भी रहेगा।

अली ने अपनी अश्रुपुरित आँखों को बंद कर लिया, किसी भिखारी की भाँति अपना हाथ पसारा और उद्विग्न होकर बोला–"कौन हो तुम, जो मेरे हृदय के पास होते हुए भी मेरी आँखों से दूर हो? और फिर भी मेरे और मेरे असली रूप के बीच एक दीर्घ दीवार के समान खड़ी हो, जैसे मेरे वर्त्तमान को मेरे भविष्य से बाँध रही हो। क्या तुम अनन्त काल के दृश्य की छाया हो जो मुझे जीवन की व्यर्थता और मानव की दुर्बलता दिखलाने के लिए आई हो? या, क्या तुम 'जेनी' की आत्मा हो जो मुझे गुलाम बनाने और अपीन जाति के युवकों के बीच परिहास की सामग्री बनाने के लिए जमीन की दरारों से निकल आई हो? तुम कौन हो और यह अजीव शक्ति क्या है जो मेरे हृदय को कभी तो मार डालती है और कभी जिला देती है? मैं कौन हूँ और यह अजीब 'स्वयं' क्या है जिसे मैं "मैं" कहता हूँ? जीवन के जिस जल को मैंने पीया है, क्या उसमें मुझे स्वर्गदूत बना दिया है जो विश्व के रहस्यपूर्ण भेदों को देखता और सुनता है? क्या यह कोई बुरी शराब है जिसने मुझे इतना मतवाला कर दिया है कि मैं अपने को देख नही सकता?"

वह चुप हो गया, परन्तु उसकी अकुलाहट बढ़ती गई और उसकी आत्मा उद्वेलित होती गई। उसने फिर कहना शुरू किया–"...ओ तुम, जिसे आत्मा दर्शाती है और रात छिपाती है...ओ सुन्दर आत्मा, जो मेरे सपनों के आकाश में उड़ रही है, तुमने मुझमें एक सोती हुई पूर्णता को पुष्ट बीजों की तरह जगाया है जो बर्फ के कम्बलों में छिपे थे। वायु के किसी चंचल लहर की तरह तुम मेरे पास से गुजर जाती हो और मुझ भूखे के पास स्वर्ग के फूलों की सुगन्ध बिखेर देती हो। तुमने मेरी चेतना को स्पर्श किया है और उन्हें पेड़ की पत्तियों की तरह कँपाकर उत्तेजित कर दिया है। अब मुझे अपने को देख लेने दो। क्या तुम कोई मानव हो? नींद को आज्ञा कि वह मेरी आँखों को बंद कर दे कि मैं तुम्हारी महानता को अपनी आन्तरिक शक्ति से देख सकूँ मुझे अपना स्पर्श करने दो, अपनी आवाज सुनने दो। इस झीने जाल को फाड़ डालो जो मेरी सारी अभिलाषाओं को ओट में ले-लेती है। इस दीवार को ढाह दो जो मेरी देवी को मेरी आँखों से ओझल कर देती है।

मुझमें डैने लगा दो कि मैं तुम्हारे पीछे-पीछे परमात्मा के पास तक उड़ सकूँ या मेरी आँखों में जादू कर दो कि मैं 'जेनी' के निवास स्थान तक तुम्हारा पीछा कर सकूँ, यदि तुम उसकी दुल्हिनों में से एक हो। यदि मैं तुम्हारे योग्य हूँ तो अपना हाथ मेरे हाथ पर रख दो और मुझे अपना लो।"

अली इन बातों को भेदभरे अन्धकार में फुसफुसा रहा था। उसके सामने आहिस्ता-आहिस्ता रात के पिशाच उतरने लगे थे, मानों वे उसके आँसुओं से निकली हुई भाप हों। उसे ऐसा लगा मानो मंदिर की दीवारों पर जादूभरी तस्वीरें हैं। जो इन्द्रधनुष-रूपी कूँची से रंगी गई है।

इस तरह आँसू बहाते हुए अली को एक घंटा बीत गया। वह अपने दुखदायी दुर्भाग्य पर हर्ष भी मना रहा था और अपने हृदय की धड़कनों को सुन भी रहा था। वह वस्तुओं से परे अपनी दृष्टि दौड़ा रहा था, मानों वह जिन्दगी की तस्वीरों को धीमी गति से भागती हुई और उसकी जगहों पर किसी सपने के द्वारा भरती हुई देख रहा हो, जो सपना सौन्दर्य में विलक्षण और आकार में भयानक था। उस नदी की तरह, जो आसमान के सितारों पर विचार करता है और पवित्र आत्मा के उतरने और प्रकाशित होने तक ठहरा रहता है, उसने उस शक्ति के बार में विचार किया जो इन ख्यालों से भी परे है। उसे ऐसा लगा कि मानो उसकी आत्मा ने उसे त्याग दिया है और मन्दिरों के बीच कुछ टटोल रही है, उसकी अनमोल वस्तु अनजान अंश को ढूँढ़ने के लिए जो भग्नावशेषों के बीच खो गई हो।

उषादेवी का आगमन हुआ। हवा के झकोरों के साथ निस्तब्धता चिल्ला उठी। सूर्य की पहली किरण दौड़ पड़ी, आकाश मंडल के कणों को प्रकाशित करती हुई जिसने अपनी प्रियतमा का सपना देखा हो, ऐसे स्वप्नद्रष्टा के समान आसमान मुस्कुरा उठा। पक्षी दीवार की दरारों से झाँकने लगे और अपनी प्रातःकालीन प्रार्थनाओं को गाते हुए स्तम्भों से भरे विशाल कमरों में उड़ने लगे।

अली ने अपने हथेलियों को अपने माथे पर रखा और धुँधली आँखों से नीचे की ओर देखने लगा। जब ईश्वर ने अपनी महान साँस से आदम की आँखें खोलीं, उसी प्रकार अली ने नई वस्तुओं को देखा जो विचित्र और विस्मयकारी थीं। वह अपनी भेंड़ों के पास गया और उन्हें पुकारा। भेंड़ उसके पीछे हो लीं और लहलहाते हुए हरे-भरे खेतों की ओर चल पड़ीं। अली स्वयं किसी दर्शनशास्त्र के विद्वान की तरह आकाश की ओर एकटक देख रहा था। वह ब्रह्मांड के रहस्यों के बारे में विचार कर रहा था। अली एक छोटी सी नदी के पास पहुँचा जिसकी कलकल ध्वनि आत्मा को सुहावनी लग रही थी। नदी के तीर एक 'बिलो' वृक्ष के नीचे

वह बैठ गया। बिलो की डालियाँ नदी के जल को छू रही थीं, मानों वे उसकी ठंढी गहराइयों में से नीर पी रही हों। सवेरे के ओसकण भेंड़ के ऊनों में चमक रही थीं जब वे फूलों और हरी घास के बीच चर रहे थे।

एक पल के बाद ही अली को फिर ऐसा लगा जैसे उसके हृदय की गति तीव्र हो रही है और उसकी आत्मा काँप रही है। अब वह इन्हें प्रायः देख पाता था। बच्चे की चिल्लाहट से जाग उठनेवाली माँ के समान वह सतर्क हो गया और उसकी आँखें बरबस एक ओर चली गई। उसने एक सुन्दर युवती को देखा जो अपने कन्धे पर मिट्टी का एक मटका लिए धीरे–धीरे उस पार आ रही थी। जब वह तट पर पहुँची और जल भरने आई। उसकी आँखें अली की आँखों से जा टकराई। उसने पागलों की तरह चिल्लाना शुरू किया, अपने घड़े को पटक दिया और तुरंत वहाँ से चली गई। परन्तु वह फिर मुड़ी और अली की ओर व्याकुल तथा पीड़ा भरे अविश्वास के साथ देखने लगी।

किसी रहस्यपूर्ण शक्ति से प्रभावित होकर अली नाले के उस पार कूद गया और उस युवती के पास जाकर उसे अपनी भुजाओं में भर लिया और उसके होठों को देर तक चूमता रहा। अली के प्यार की मधुरता ने युवती के संकल्प को उसके अधीन कर दिया। वह स्थिर खड़ी रही। अली के स्नेहिल स्पर्श के मानो उसकी ताकत को चुरा लिया। वह उसे मिल गई, किसी सुगिन्ध की तरह जो हवा से मिल जाती है और हवा को खुले आकाश में ले जाती है।

युवती ने अपना सिर अली की छाती पर रख दिया, मानो किसी सताये हुए को विश्राम मिल गया हो। वह दर्दभरी आहें भरने लगी...वह आह, जो किसी विदीर्ण हृदय में आनन्द के पुनर्जन्म का ऐलान करती हो...वह आह, जो उन डैनों के परिवर्तन का ढिंढोरा पीटती हो जो घायल होने और दफना देने के बाद भी ऊपर उड़ जाते हैं।

युवती ने अपना सिर उठाया और अपनी आत्मा की आँखों से अली की ओर देखने लगी। वह एक मानव की दृष्टि थी, जो महान निस्तब्धता में मानव के औपचारिक शब्दों को भी तुच्छ बतलाती है और जिसके भाव हृदय की मूक भाषा में अनेकानेक विचार प्रदान करते हैं। उसमें एक ऐसे व्यक्ति का रूप था जो प्रेम को शब्दों में ग्रहण नहीं करता, बल्कि किसी पुनर्मिलन की तरह पाता है। हाँ, वह पुनर्मिलन, जो दो आत्माओं के बिछुड़ जाने के बहुत दिनों बाद होता है। वह उन आत्माओं का पुनर्मिलन है जिन्हें दुनिया ने अलग किया और परमात्मा ने मिला दिया।

वह आन्दविभोर जोड़ी 'बिलो' वृक्षों के आसपास घूमने लगी। दो प्राणियों

का एक हो जाना ही उनके मिलन की बोलती हुई एक जीभ, उनके आनन्द के गौरव को देखती हुई एक आँख और महान प्रेम के प्रकाश का एक चुपचाप सुननेवाला था।

भेंड़े चरतीं रही। आसमान के पक्षी अभी भी उनके सिरों पर मँडरा रहे थे। वे रात्रि के रिक्तता के बाद प्रभात का गीत गा रहे थे। जब वे तराई के अन्तिम छोर पर पहुँचे तो सूर्य निकल आया था। उसने पहाड़ियों और घटियों में अपनी सुनहली चादर फैला दी। वे एक चट्टान के पास बैठ गए जहाँ वायलेट के फूल छिपे हुए थे। युवती ने अली की काली आँखों में अपनी आँखें डाल दी। हवा के झोंके उसके बालों को सहला रहे थे। ऐसा लग रहा था मानो वे उँगलियों के अग्र भाग हैं जो मधुर चुम्बनों के लिए लालायित हो रहे हैं। उसे ऐसा लगा मानो किसी जादूभरी मजबूत कोमलता ने उसके होठों को उसकी इच्छा के विरुद्ध छू लिया है। उसने शान्त और मदमाती आवाज में कहा–"ईश्वर ने हम दोनों की आत्माओं को उस लोक से इस लोक में लौटा दिया है। प्रियतम, अब प्यार की खुशियाँ और यौवन की मर्यादा हमसे दूर नहीं।"

अली ने अपनी आँखें बन्द कर ली। उसकी संगीतभरी आवाज ने मानो उसके सामने उस स्वप्न की तस्वीरों की तरह फैला दिया जिसे उसने कभी देखा था उसे मालूम पड़ा मानो एक अदृश्य डैनों की जोड़ी उसे उस जगह से उड़ा ले गई और एक अजीब कमरे में गिरा दिया...एक पलंग के पास...जहाँ एक युवती का मृत शरीर पड़ा है जिसके सौन्दर्य पर मृत्यु का अधिकार है। अली डर से चिल्ला उठा। फिर उसने अपनी आँखें खोलीं और उसी युवती को अपने पास बैठा पाया। युवती के होठों पर एक मुस्कुराहट थी। बहुत ही शान्त मुस्कुराहट।

(आदिवासी, 15 अगस्त 1962, वर्ष 16, अंक 29)

●●●